LIBÉRATE
De las
OPRESIONES

Copyright © 2015 Roger De Jesús Muñoz Caballero
Publicado por:
Cristo Libera
Ministerio de Liberación y sanidad
Seattle, WA 98115
USA
www.cristolibera.org
All rights reserved.

ISBN-13:978-0-9964859-1-3

ISBN-10:0996485910

Primera impresión, 2015

Impreso en los Estados Unidos de América

LIBÉRATE
De las
OPRESIONES

ARMAS PODEROSAS DE GUERRA ESPIRITUAL

LIBÉRATE
De las
OPRESIONES

Roger D. Muñoz

ARMAS PODEROSAS DE GUERRA ESPIRITUAL

LIBÉRATE
De las
OPRESIONES

Roger D. Muñoz

CRISTO LIBERA

MINISTERIO DE LIBERACION Y SANIDAD

Seattle WA 98115

www.Cristolibera.org

Roger D Muñoz Es un siervo de Dios el cual me ha entrenado en liberación desde hace mucho tiempo y además tuve la bendición de viajar a USA para recibir más entrenamientos en liberación. Gracias a Jesucristo que por medio de su Siervo, ahora estoy ministrando liberación y han sido libres muchos en este hermoso país de Japón.

—Pastor Jaime Teruya
Iglesia Cristiana Renacier en Japon

El Pastor Roger D Muñoz, está dejando un legado a aquellos que quieren aprender más acerca del ministerio de liberación. Este libro es una excelente herramienta para todos los ministros del Reino de Dios y su Justicia. Reconozco su arduo trabajo en el ministerio de liberación, que Dios le ha dado.

—Pastor Eugenio Manuel Torres
Iglesia Reformada Cristo Justicia Nuestra
Santa Marta Colombia, Sur America

El Siervo Roger D Muñoz ha sido invitado en repetidas ocasiones como panel de conferencia al aire en temas de liberación y guerra espiritual donde ha sido de gran bendición.

—Pastor Jose Ramos
Conductor Programa Radial Pastores Unidos Por Cristo
Presidente De La Alianza Evangelica Hispana Del Norte

Roger D Muñoz ha sido de gran bendición para mi vida y mi Ministerio, ya que a través de su vida y Ministerio de liberación, fuimos capacitados para dar un mejor servicio a Dios y a su Iglesia, trayendo libertad a los que un día estaban cautivos por Satanás. Que El Señor lo siga guardando y bendiciendo y prosperando en todo lo que haga.

— APOSTOL MARIO BONILLAS
FUNDADOR DEL CONCILIO IGLESIA EBENEZER USA.

.

Roger D Muñoz solía ser un hombre de negocios en el país de Colombia en América del Sur, pero desde el momento de su conversión a Jesucristo, le nació una pasión por liberar a los que están cautivos y bajo la opresión de espíritus malignos. Él es el fundador del ministerio "Cristo Libera". Muchos son los que se han beneficiado de su servicio de liberación en los Estados Unidos y en otras partes del mundo.

— REV. JORGE GUTIERREZ
IGLESIA CRISTIANA DE LAS AMERICAS
SEATTLE WASHINGTON USA.

Roger D Muñoz es uno de nuestros voluntarios para el Ministerio de Detención de Inmigrantes en el Centro de Detención del Noroeste en Tacoma Washington, USA, una vez por mes predica el evangelio y ha llevado muchas personas a Cristo.

— PASTOR HABTOM GHEBRU

Libérate de las Opresiones

TABLA DE CONTENIDO

AUTOR 7
AGRADECIMIENTOS 9
PROPOSITO 11
INTRODUCCIÓN 13
1. TESTIMONIO DEL AUTOR 15
2. CINCO RAZONES POR LAS CUALES SE ELABORÓ ESTE LIBRO 21
3. DÍEZ BASES BIBLICAS DEL POR QUE Y COMO DEBEMOS HACER LIBERACIONES 23
4. DIEZ REQUISITOS CLAVES PARA SER LIBERADOS ... 29
5. LLAVE PARA LA LIBERACIÓN 33
6. PROBLEMÁTICA Y SOLUCIÓN AL PECADO, MALDICIONES 35
7. CONFERENCIA DE LIBERACIÓN EN MINNESOTA, USA ... 49
8. LIBERACIÓN EN UNA CONFERENCIA A UNOS LÍDERES EN CALIFORNIA 65
9. PUERTAS GENERALES DE ENTRADAS DEMONÍACAS . 71
10. CONFERENCIA SOBRE LAS PUERTAS DE ENTRADAS DEMONÍACAS 79
11. CREACIÓN DE UN EQUIPO DE LIBERACIÓN 127

12. COMO DESTRUIR LAS BRUJERÍAS, HECHICERÍAS MÁS COMUNES 169
13. TESTIMONIOS Y PROCESOS DE LIBERACION 179
14. FORMULARIO O CUESTIONARIO DE PREGUNTAS 215

AUTOR

Roger D Muñoz, Casado y padre de dos hermosos hijos, es el hombre que Dios escogió para fundar y dirigir a Cristo Libera, un ministerio de Liberación y Sanidad con su sede principal en Seattle, Washington, en los Estados Unidos. Además de servir localmente, sirve en todo los estados de USA y el resto del mundo donde Dios escoja, donde haya necesidad de servicios de liberación a través de la tecnología del internet, teléfonos, cámaras de internet, usando traductores y a veces viajando a donde Dios le envíe y desee. En este Ministerio se han realizado miles de liberaciones, la mayoría de ellas se encuentran en su página de internet www.cristolibera.org y en el canal de YouTube.

Roger es un líder y miembro activo de la Iglesia Cristiana de las Américas en Seattle Washington USA, es un voluntario predicador del Ministerio de Detención de Inmigrantes en el Centro de Detención del Noroeste en Tacoma Washington, USA.

Ha sido invitado en repetidas ocasiones como parte del Panel de Conferencia al aire en temas de liberación y guerra espiritual en el Programa Radial Pastores Unidos por Cristo de la Alianza Evangélica Hispana del Noroeste.

Ha dictado muchos seminarios, conferencias, talleres y ha entrenado pastores, líderes, los cuales están ya ministrando liberación en sus congregaciones.

El Pastor Roger Muñoz, está dejando un legado a aquellos que quieren aprender más acerca del ministerio de liberación

Libérate de las Opresiones

AGRADECIMIENTOS

Estoy muy agradecido con Jesucristo por haberme redimido y rescatado por medio de la preciosa Sangre que derramó en la Cruz del Calvario y por tenerme como instrumento útil para que Él se manifieste y me dé la sabiduría de escribir este libro.

Le doy gracias a Dios por haberme traído a mis pastores; Jorge y Felisa Gutiérrez, que desde el principio han sido mis guías espirituales aquí en la tierra, y también le doy gracias por haberme enseñado a ser Biblio-céntrico, Cristo céntrico.

También le doy las gracias a mi amada esposa Gladys por toda su paciencia, comprensión y apoyo al estar junto a mí en todo momento, e igualmente a mis dos amados hijos, Roger y Néstor Muñoz. A mi querida madre Isabel Caballero por estar siempre conmigo. A Juanita Álvarez, Mirella Thomas, Franklin Bulmez, Emerson Mauricio Cortes, Vanessa de la Cerda, Rudy Américo Fernández, Ana Julia Dulcey, Cristian Santana Monterroza, a Carmen Kucinski por su gran amor y esfuerzo al editar este libro, a Alex Godefroy por su tremenda y valiosa ayuda en el diseño de la portada y en casi todas las áreas del libro, este hijo de Dios nos ayudó más de lo que suponíamos.

Y le doy gracias a todos aquellos que de una u otra forma creyeron en este ministerio del cual este libro es producto.

Libérate de las Opresiones

PROPOSITO

Que cada Ministro Cristiano, líder, Iglesia, Célula, grupo y reuniones en cualquier parte del mundo, incluyendo países, ciudades, pueblos y caseríos tengan en sus manos al menos este libro práctico, para que se estudie y pongan en práctica este sencillo y efectivo método de liberación de demonios y enfermedades, y para que de esta manera puedan ser liberados, sanados y mantenerse libre de demonios y enfermedades. Usted puede hacerlo solo (auto liberación) o lo más recomendable; con un cristiano maduro en la fe.

INTRODUCCIÓN

Felicidades y bienvenidos. El corazón de Dios está muy contento por lo que usted va a descubrir, aprender y poner en práctica para su propia libertad y sanidad. Su corazón estará contento por usted, su familia y el reino de Dios; ya que Jesucristo realizó una completa y total victoria en la Cruz del Calvario al derramar su preciosa Sangre, librándonos de los pecados, maldiciones, iniquidades y pactos demoníacos con sus respectivos frutos de destrucción.

En este sencillo y práctico Libro de liberación y sanidad, usted conocerá las herramientas que lo mantendrán sano y libre de demonios, Tanto usted, familia y congregación, esto muy poco se predica y por lo tanto mucha gente está siendo atormentada por entes espirituales malvados. Permítame decirle toda esta información con la base de mi experiencia personal en este Ministerio de Liberación.

> *Usted conocerá las herramientas que lo mantendrán sano y libre de demonios.*

La mayoría de los cristianos están siendo atormentados por los demonios con enfermedades, y ellos no se dan cuenta de esto; entonces aceptan las enfermedades como si nuestro Señor Jesús no las hubiera llevado a la Cruz.

Introducción

Usted aprenderá cuales son las causas o puertas de entrada a esa enfermedad o situación de miseria, dolor, tristeza... Y por consiguiente podrá ser libre de ese tormento. Además aprenderá a como ser libre de ataduras de pensamientos sexuales que le estén atormentando. Aprenderá como crear equipos de liberación en su iglesia, a realizar oraciones poderosas de libertad; derribando estructuras demoníacas de maldad, sabrá como usted, o con ayuda de otro cristiano; puede ser libre de brujerías, dolores, enfermedades, libre de demonios y mejor aún, como mantenerse en completa libertad y sanidad para la ¡Gloria y honra de Nuestro Señor y Salvador Jesús!

Y por último, encontrará testimonios de liberación con sus procesos los cuales usted puede usar ¡AMEN!

¡Ah! ¡Le recomiendo que lea estos Libros de Libérate varias veces!

1. TESTIMONIO DEL AUTOR

*E*staba buscando ayuda", alguien que pudiera orar por mí, y al mismo tiempo liberarme de los ataques y opresiones demoníacas continuas que recibía, ¡no los encontraba! ¡No lo lograba! Entonces, llegaron a mi encuentro personas creyentes en Jesucristo, los cuales creían que podían ayudarme, y fue por eso que les pedí ayuda, que orasen por mí para liberarme de los ataques y opresiones demoníacas que recibía. ¡A pesar de todo y de que ellos lo intentaban!… ¡No lo lograban! Iba creciendo cada vez más mi incertidumbre y me preguntaba: ¿Existe alguien que pueda? ¿Dónde está esa persona que puede ayudarme?

¿Existe alguien que pueda? ¿Dónde está esa persona que puede ayudarme?

Bueno… Todo empezó como por la década de los 90. En ese entonces no conocía al SEÑOR JESUCRISTO como lo conozco ahora, y sé que seguiré conociéndolo…, como dicen muchos creyentes: "no era converso en la fe hacia el SEÑOR".

Testimonio del Autor

Los síntomas de los ataques y opresiones continuaban cada vez más y más, por las cuales en varias ocasiones al acostarme a dormir, empezaban éstos y sentía que salía de mi cuerpo y comenzaba a volar. Otras veces me paralizaba una fuerza, u opresión que no me dejaba moverme, ¡No sabía qué hacer! ¡Estaba aterrado! En otras ocasiones sentía que alguien se acostaba al lado mío, y eso pasaba noche tras noche.

Tenía muchos sueños que sentía que eran reales, en los cuales tenía relaciones sexuales con mujeres desconocidas, parecían tan reales que al verlas de frente eran hermosas, de buena apariencia, pero notaba que al verlas fijamente su rostro cambiaba. ¡Tenían rostros cadavéricos! Y debido a esto tenía muchas pesadillas.

Lo irónico era que nadie sabía de esto, no lo comentaba, y así me fui acostumbrando a ese estilo de vida. Por mucho tiempo leí la Biblia para sentirme mejor… especialmente el **_Salmo 91_**, ¡Recuerdo que dormía agarrado de la biblia! Y en otras ocasiones la dejaba abierta en los mismos salmos. ¡Y así seguí por muchos años! Con ese estilo de vida. Aparentemente una vida normal.

Pero llena de pecados, luchas y batallas perdidas. Fue por eso, que me dediqué más a mis asuntos personales como los estudios, negocios, proyectos, y a conocer mujeres, etc. Visitaba a los brujos y curanderos, los buscaba para pedir ayuda y lo hacía para mejorar mi condición de vida.

1.1. JESUCRISTO Manifestándose

En el año 2002 viaje a vivir a los Estados Unidos de Norte América (USA), donde vivo actualmente, y a los tres meses de haber llegado a mi nuevo lugar donde vivir. Una tarde estaba descansando, eran como las 3:00 PM. Y estando con los ojos cerrados, pero conscientemente despierto, "sentí una presencia en mi cuarto", lo cual llamó mucho mi atención, que al abrir Los ojos, *"Vi una figura como humana"* ¡Era muy blanca y resplandeciente! Que salían rayos de luz, ¡la veía! ¡No pude ver el rostro! Era muy fuerte, Tuve miedo y los cerré, sentí que se acercó y tomó la sábana y me arropó hasta el pecho *"No esperaba eso luego sentí que esa presencia no estaba, ¡Abro los ojos y realmente no estaba!"*. Todo volvió a la normalidad, esa presencia y figura que vi no la he olvidado, era el mismo SEÑOR manifestándose a mi... ¡Qué honor y privilegio! De parte del SEÑOR. Inmediatamente llamo por teléfono a mi madre y le dije: ¡Madre! ¡Vi a Dios! ¡Vi a Dios!, Después de ese encuentro sobrenatural, a pesar de ello, mi vida continuó normal aparentemente, con pecado y los ataques demoníacos y opresiones continuaron.

Al año siguiente, después de haber tenido esa experiencia sobrenatural por parte del SEÑOR JESUCRISTO, tuve otra experiencia sobrenatural que toco muy profundamente mi vida, de una manera en que sólo Dios sabe hacerlo. Esa experiencia hizo que entrara en razón y que reflexionara sobre mi vida. Y fue que con la ayuda del SANTO ESPIRITU, que él trayendo testimonio y convicción de pecado. Me di cuenta que algo estaba mal, muy mal en mí, así que reconocí mi condición débil y pecadora.

> *Y no podía hacer nada con mis propias fuerzas.*

Y no podía hacer nada con mis propias fuerzas, fue entonces que le entregué todo de mí al Señor JESUCRISTO y desde entonces todo cambio, mi vida comenzó a ser diferente y guiado por el Espíritu Santo, encontré la Iglesia Cristiana De las Américas con mi pastor actual Jorge Gutiérrez y para conocer más de Dios y sus caminos ese era el lugar exacto para ello.

Testimonio del Autor

Pero los ataques demoníacos continuaban, no lo entendía, ¿Cómo, si yo había entregado mi ser a Jesucristo? ¿Cómo podían seguir?

> *¡Pero lo que no sabía! era que Dios tenía el control.*

¡Pero lo que no sabía! era que Dios tenía el control. Él lo permitía y fue por eso que me introdujo en el área de liberación. Y con ello, empezó a capacitarme y entrenarme utilizando como medio los retiros o encuentros que se hacían en la iglesia, me usaba en liberación y yo me sorprendía.

A pesar de todo, los ataques demoníacos continuaban, pero poco a poco fui introduciéndome más y más en la presencia y Caminos de Dios y obedeciendo su Palabra y mandatos. Y Fue así como fueron disminuyendo los ataques y opresiones demoníacas.

1.2. Auto-liberación de Opresión Demoníaca

En Junio del año 2011, el SEÑOR JESUCRISTO tenía algo grande y muy grandioso para mi vida, fue tanto, que me movió del trabajo en el cual me encontraba y me puso en uno nuevo ¡El cual NO me imaginaba, ni imaginé TENER! ¡"Me escogió para "Él", para que formara parte de su equipo de trabajo, de su Reino, de sus asuntos aquí en la tierra y claro, con el mejor de los jefes, El SEÑOR mismo como mi gran jefe. Que grande privilegio fue el haberme escogido para Él, y por su gracia, pasé a trabajar en tiempo completo en el área de Liberación y Sanidad.

Ya en este Ministerio, empecé a hacerme auto liberaciones, quedando libre en muchas áreas. Con la autoridad que sólo

Jesucristo proporciona, empezaron a salir los demonios de mí, Dios ya tenía un propósito trazado el cual desarrollaría sin ningún obstáculo. Porque Él usó y usa mi experiencia en liberación y auto liberación para el Cuerpo de Cristo.

Ayudo a miles de personas del mundo entero, de todos los países y diferentes nacionalidades a hacer libres de sus ataduras y opresiones demoníacas usando cámaras digitales para internet, teléfonos o personalmente: cara a cara.

> *¡Cristo me ha liberado de lo que antes no era completamente libre!*
> *¡Se fueron!*
> *¡Huyeron!*

Después de todas estas batallas y auto liberaciones puedo decir que ¡Cristo me ha liberado de lo que antes no era completamente libre! ¡Se fueron! ¡Huyeron! Todos esos ataques que por años existieron y todas esas luchas, batallas y opresiones demoníacas; ya no estaban… y fue así como nació este Ministerio de Liberación y Sanidad, Cristo libera.

1.3. Sirviendo a JESUCRISTO

Por lo tanto hermano lector; el mundo demoníaco es real, existe, y no se encuentra mucha ayuda sobre este asunto. Hoy en día las iglesias con este Ministerio de Liberación y Sanidad no son reconocidas. Por lo tanto, estoy comprometido a tiempo completo con EL SEÑOR JESUCRISTO y con su iglesia, para apoyar al pueblo Santo de Dios, con los dones que él ha depositado en mí a través de su Espíritu Santo.

Hermano en Cristo. Como usted puede ver, tengo muchas razones personales y experiencias de las cuales puedo hablar y mencionar con lujo de detalles. No se encuentra mucha información o ayuda sobre este tema, ni sobre este Ministerio de Liberación y Sanidad que el Señor mismo a delegado a su iglesia, para que su pueblo sea libre y disfrute de una relación sobrenatural con Él.

2. CINCO RAZONES POR LAS CUALES SE ELABORÓ ESTE LIBRO

I. La mayoría de los cristianos están atados o enfermos por el enemigo y no saben o desconocen el cómo pueden ser libres y sanos.

II. Todo cristiano debe conocer como puede ser libre al poner en práctica esta información.

III. Las iglesias cristianas, en su mayoría, no tienen una guía sobre cómo hacer liberaciones y sanar a sus miembros, incluso a los mismos pastores.

> *Todo cristiano debe conocer cómo puede ser libre al poner en práctica esta información.*

IV. Es necesario que haya en las iglesias equipos de liberación y este libro se explica cómo crearlos.

V. Muchos no saben manejar el internet ni las computadoras o no tienen teléfonos inteligentes donde puedan buscar ayuda, o bien, hay lugares muy lejanos donde no existe la tecnología ni el internet y es por eso que es necesario que tengan este libro en papel, físicamente, en todas las formas y en diferentes idiomas.

La mayoría de esta información ha sido obtenida por años de experiencia y estudio, así que les pido que se dejen guiar por el Espíritu Santo, el cual les confirmará estas verdades. Este práctico Libro, como su nombre lo indica, es práctico, no le puse muchas interpretaciones con el fin de hacerlo lo más simple y sencillo posible.

3. DÍEZ BASES BIBLICAS DEL POR QUE Y COMO DEBEMOS HACER LIBERACIONES

En esta sección les mostraremos a la luz de la Palabra por que hacemos liberaciones y la forma en que la realizamos.

I. Es el mismo Jesús que nos dio el poder y autoridad para hacerlo.

> **Lucas 9:1-2** *"Habiendo reunido a sus doce discípulos, les dio poder y autoridad sobre todos los demonios, y para sanar enfermedades. Y los envió a predicar el reino de Dios y a sanar a los enfermos"*

II. Echar demonios es parte de la orden y nuestra función. Ellos se nos sujetan, pero sin desconocer y olvidar que lo más importante es la Salvación; que nuestros nombres estén escritos en los cielos.

Lucas 10:20 *"Pero no os regocijéis de que los espíritus se os sujetan, sino regocijaos de que vuestros nombres están escritos en los cielos".*

III. Los apóstoles continuaron haciendo lo mismo que Jesús les enseñó, nosotros debemos hacer lo mismo, de hecho, nosotros lo estamos haciendo y ustedes también lo harán, ese es uno de nuestros propósitos, que usted, el que está leyendo este Libro de liberación, lo haga.

Hechos 5:16 *"Y aún de las ciudades vecinas muchos venían a Jerusalén, trayendo enfermos y atormentados de espíritus inmundos; y todos eran sanados".*

IV. Nosotros no somos los que liberamos, somos un medio, un instrumento, es Jesucristo el que libera en el Poder del Espíritu Santo, Él siempre tiene toda la gloria.

> *Es Jesucristo el que libera en el Poder del Espíritu Santo*

Romanos 15:18-19ª *"Porque no osaría hablar sino de lo que Cristo ha hecho por medio de mí para la obediencia de los gentiles, con la palabra y con las obras [19] con potencia de señales y prodigios, en el poder del Espíritu de Dios".*

V. Es Bíblico averiguar información sobre la persona que será liberada, Jesús lo hizo, Él es nuestro modelo.

> **Marcos 9:21** *"Jesús preguntó al padre: ¿Cuánto tiempo hace que le sucede esto? Y él dijo: desde niño".*

VI. A todos los demonios se les expulsa de inmediato en el Nombre de Jesús, pero a veces no se quieren ir, y es cuando se les empieza a interrogar; cual derecho legal cree tener, preguntarles el nombre, cuántos son etc., con el fin de expulsarlos a todos.

> **Marcos 5:6-10** *"Cuando vio, pues, a Jesús de lejos, corrió, y se arrodilló ante él.[7] Y clamando a gran voz, dijo: ¿Qué tienes conmigo? Jesús, Hijo del Dios Altísimo Te conjuro por Dios que no me atormentes.[8] Porque le decía: Sal de este hombre, espíritu inmundo.[9] Y le preguntó: ¿Cómo te llamas? Y respondió diciendo: Legión me llamo; porque somos muchos.[10] Y mucho le rogaba que no los enviase fuera de aquella región".*

VII. La mayoría de las enfermedades son causadas por el pecado, por la desobediencia a la Palabra de Dios.

> **Juan 5:14** *"Después le hallo Jesús en el templo, y le dijo: Mira, has sido sanado; no peques más, para que no te venga alguna cosa peor".*

VIII. En la persona casi nunca hay un solo demonio, por lo general hay varios con un jefe el cual se busca con estrategia, y se le debe dirigir para expulsarlo junto con todo su reino demoníaco.

> **Marcos 5:9** *Y le preguntó: ¿Cómo te llamas? Y respondió diciendo: Legión me llamo; porque somos muchos.*

IX. Los cristianos si pueden tener demonios y son los únicos que pueden ser libres. Todas las personas a las que les hemos hecho liberaciones son cristianos, un no cristiano, el que no haya aceptado a Jesús como su Único Señor y Salvador, el que no tenga la fe en Él no puede ser libre, La liberación es para los hijos de Dios. "El Pan es para los hijos".

> **Mateo 15:21-28** *"Saliendo Jesús de allí, se fue a la región de Tiro y de Sidón.²² Y he aquí una mujer cananea que había salido de aquella región clamaba, diciéndole ¡Señor, Hijo de David, ten misericordia de mí! Mi hija es gravemente atormentada por un demonio.²³ Pero Jesús no le respondió palabra. Entonces acercándose sus discípulos, le rogaron, diciendo: Despide la, pues da voces tras nosotros.²⁴ El respondiendo, dijo: No soy enviado sino a las ovejas perdidas de la casa de Israel.²⁵ Entonces ella vino y se postró ante él, diciendo ¡Señor, socórredme!²⁶ Respondiendo él, dijo: No está bien tomar el pan de los hijos, y echarlo a los perrillos.²⁷ Y ella dijo: Sí, Señor; pero aun los perrillos comen de las migajas que caen de la mesa de sus amos.²⁸ Entonces respondiendo Jesús, dijo: Oh mujer, grande es tu fe; hágase contigo como quieres. Y su hija fue sanada desde aquella hora".*

X. Debemos confesar nuestros pecados para que sean perdonados y sanados, esa es la razón del cuestionario que se anuncia aquí.

Santiago 5:16 *Confesaos vuestras ofensas unos a otros, y orad unos por otros, para que seáis sanados. La oración eficaz del justo puede mucho.*

> *ESA ES LA RAZON DEL CUESTIONARIO QUE SE ANUNCIA AQUÍ*

4. DIEZ REQUISITOS CLAVES PARA SER LIBERADOS

I. **H**aber aceptado a Cristo. La liberación es para el que reconoce a Jesús como su Señor y Salvador; es para los cristianos. La liberación es para los hijos de Dios.

Marcos 7:27 (RVR1960)

"Pero Jesús le dijo: Deja primero que se sacien los hijos, porque no está bien tomar el pan de los hijos y echarlo a los perrillos".

> *La Liberación es para los hijos de Dios.*

Si usted no ha aceptado a Jesús como su Señor y Salvador y desea hacerlo ahora, por favor repita esta oración:

"Señor Jesús eres el Hijo de Dios que viniste a morir por mis pecados en la Cruz del Calvario, hoy te acepto como mi único Señor y Salvador, perdona mis pecados, acepto tu perdón, escribe mi nombre en el Libro de la Vida, Espíritu Santo ven a mi corazón, a mi vida y mora conmigo, Gracias Jesucristo, hoy me consagro a Ti. Gracias, en el nombre del Padre del Hijo y del Espíritu Santo, Amén."

II. Buscar ayuda. Esta es una prueba de que usted desea ser libre, cuando toma la iniciativa de solicitar ayuda.

III. Creer que puede ser liberado. Debe creer, hay muchos que dudan.

IV. Querer ser liberado. Hay muchos que no quieren ser liberados.

V. Llenar el formulario de liberación (Están en este libro). Son preguntas que se hacen para buscar las posibles puertas de entradas a los demonios.

VI. Seguir los pasos recomendados. Confiar en lo que se le explica.

VII. No ser contencioso. Hay muchos que quieren saber más que otros.

VIII. Confesar y renunciar a sus pecados. Sin esto no hay liberación.

IX. Creer que un cristiano puede tener demonios. Si no lo cree no puede ser libre.

X. Definitivamente no debe estar practicando el pecado. Ésta es una de las razones del porqué una persona no puede ser libre, el demonio tiene derecho legal de estar allí.

> *Llenar el formulario de liberación (Esta en este libro). Son preguntas que se hacen para buscar las posibles puertas de entradas a los demonios.*

Diez Requisitos Claves para ser Liberados

5. LLAVE PARA LA LIBERACIÓN

Paso de confesión, arrepentimiento, renuncia, perdón, aceptación.

Este paso es de suma importancia, ya que es la llave de su liberación. Después de haber llenado su formulario (está en este libro y en el Manual De Libérate), con calma tome cada punto del mismo y confiéselos, renuncie y pídale a Jesucristo que lo perdone si es el caso.

Por Ejemplo: Mi Señor Jesús te confieso el pecado de pornografía, me arrepiento y renuncio a ese pecado y te pido que me perdones en Tu Nombre, gracias por perdonarme, lo acepto. Demonio de pornografía y afines, no los quiero, no los acepto, los rechazo en el Nombre de Jesús, Así que ¡FUERA, FUERA, FUERA EN EL NOMBRE DE JESUS!

Así sucesivamente hasta el final, según sea el caso. A medida que lo va haciendo sentirá más libertad y se sentirá más liviano.

Nota importante. Si es una auto liberación, a medida que va renunciando y pidiendo perdón, vaya echando los demonios en el nombre de Jesús de inmediato y sea persistente en esto, pero si usted se lo está haciendo a otra persona, primero espere que la persona renuncie a todo y pida perdón en todos los puntos, esto con el fin que usted se centre únicamente en expulsarlos ya que ningún demonio tiene ya derecho legal.

> *Después de haber llenado su formulario, con calma tome cada punto del mismo y confiéselos, renuncie y pídale a Jesucristo que lo perdone si es el caso*

6. PROBLEMÁTICA Y SOLUCIÓN AL PECADO, MALDICIONES

6.1. Origen.

Las maldiciones, la problemática, comenzaron desde el inicio de la creación, desde que Adán y Eva pecaron, ¡Recuerde que las maldiciones son frutos del pecado!

Génesis 3:16-19

A la mujer dijo: Multiplicaré en gran manera los dolores en tus preñeces; con dolor darás a luz los hijos; y tu deseo será para tu marido, y él se enseñoreará de tí.[17] Y al hombre dijo: Por cuanto obedeciste a la voz de tu mujer, y comiste del árbol de que te mandé diciendo: No comerás de él; maldita será la tierra por tu causa; con dolor comerás de ella todos los días de tu vida.[18] Espinos y cardos te producirá, y comerás plantas del campo [19] Con el sudor de tu rostro comerás el pan hasta que vuelvas a la tierra.

Podemos ver que en toda la Biblia cuando había pecado traía desastres, ruinas, muertes, no sólo a la persona que cometió el pecado, sino también a todo lo que le rodeaba.

Si miramos en *Deuteronomio 27,28* encontraremos un listado de enfermedades y desastres ocasionados por el pecado, la causa de ellas era por la desobediencia a la Palabra de Dios. Lo triste de eso era que esas maldiciones llegaban hasta su descendencia, hasta su cuarta generación, aunque hay una que llegaba hasta la décima; ahora súmele las maldiciones por los pecados propios.

Ahora bien, hoy en día hay muchas enfermedades, las cuales la mayoría son consecuencias de la desobediencia a la Palabra de Dios por el pecado. Estas son de origen espiritual.

En este Ministerio de liberación han sido sanadas muchas personas, libradas de los demonios que las tenían enfermas, las estaban destruyendo y han sido sanadas y liberadas de diabetes, depresión, homosexualismo, Etc., las cuales eran demonios que los estaban ocasionando y estos estaban por el pecado.

Juan 10:10a
¹⁰El ladrón no viene sino para hurtar y matar y destruir.

> *Las cuales eran demonios que los estaban ocasionando y estos estaban por el pecado.*

6.2. Problemática.

El mundo estaba totalmente perdido ya que todos somos pecadores, estábamos condenados, porque la consecuencia del pecado es muerte, sufrimiento.

Hebreos 9:22 Reina-Valera 1960 (RVR1960)
²²Y casi todo es purificado, según la ley, con sangre; y sin derramamiento de sangre no se hace remisión.

Romanos 3:23-26
²³ Por cuanto todos pecaron, y están destituidos de la gloria de Dios, ²⁴ siendo justificados gratuitamente por su gracia, mediante la redención que es en Cristo Jesús, ²⁵ a quien Dios puso como propiciación por medio de la fe en su sangre, para manifestar su justicia, a causa de haber pasado por alto, en su paciencia, los pecados pasados, ²⁶ con la mira de manifestar en este tiempo su justicia, a fin de que él sea el justo, y el que justifica al que es de la fe de Jesús.

6.3. Solución.
¡Jesucristo! Es la solución.

Juan 10:10b Reina-Valera 1960 (RVR1960)
Yo he venido para que tengan vida, y para que la tengan en abundancia.

1 Juan 3:8b Reina-Valera 1960 (RVR1960)
Para esto apareció el Hijo de Dios, para deshacer las obras del diablo.

6.3.1. Sobre las Maldiciones.

Nos rescató de la maldiciones, todas nos las quitó, tanto las generacionales como las propias, ya no somos culpables de los pecados de nuestros antepasados.

Gálatas 3:13
Cristo nos redimió de la maldición de la ley, hecho por nosotros maldición (porque está escrito: Maldito todo el que es colgado en un madero.

6.3.2. Sobre los pecados.

1 Juan 1:7 Reina-Valera 1960 (RVR1960)
7 Pero si andamos en luz, como él está en luz, tenemos comunión unos con otros, y la sangre de Jesucristo su Hijo nos limpia de todo pecado.

Juan 1:29 Reina-Valera 1960 (RVR1960)
29 El siguiente día vio Juan a Jesús que venía a él, y dijo: He aquí el Cordero de Dios, que quita el pecado del mundo.

Colosenses 2:13-15 Reina-Valera 1960 (RVR1960)
13 Y a vosotros, estando muertos en pecados y en la incircuncisión de vuestra carne, os dio vida juntamente con él, perdonándoos todos los pecados, 14 anulando el acta de los decretos que había contra nosotros, que nos era contraria, quitándola de en medio y clavándola en la cruz, 15 y despojando a los principados y a las potestades, los exhibió públicamente, triunfando sobre ellos en la cruz.

1 Juan 2:1-2 Reina-Valera 1960
¹ Hijitos míos, estas cosas os escribo para que no pequéis; y si alguno hubiere pecado, abogado tenemos para con el Padre, a Jesucristo el justo.² Y él es la propiciación por nuestros pecados; y no solamente por los nuestros, sino también por los de todo el mundo.

Apocalipsis 1:5
Y de Jesucristo, el testigo fiel, el primogénito de los muertos y el soberano de los reyes de la tierra. Al que nos ama y nos libertó de nuestros pecados con su sangre.

6.3.3. Sobre pactos.

Mateo 26:28
Porque esto es mi sangre del nuevo pacto, que es derramada por muchos para el perdón de los pecados.

6.3.4. Sobre las iniquidades.

Tito 2:14 Reina-Valera 1960
¹⁴ Quién se dio a sí mismo por nosotros para redimirnos de toda iniquidad y purificar para sí un pueblo propio, celoso de buenas obras.

Isaías 53:11
¹¹ Verá el fruto de la aflicción de su alma, y quedará satisfecho; por su conocimiento justificará mi siervo justo a muchos, y llevará las iniquidades de ellos.

6.3.5. Sobre las enfermedades y sufrimientos.

Isaías. 53:3-
3 Despreciado y desechado entre los hombres, varón de dolores, experimentado en quebranto; y como que escondimos de él el rostro, fue menospreciado, y no lo estimamos. 4 Ciertamente llevó él nuestras enfermedades, y sufrió nuestros dolores; y nosotros le tuvimos por azotado, por herido de Dios y abatido. 5 Mas él herido fue por nuestras rebeliones, molido por nuestros pecados; el castigo de nuestra paz fue sobre él, y por su llaga fuimos nosotros curados. 6 Todos nosotros nos descarriamos como ovejas, cada cual se apartó por su camino; mas Jehová cargó en él el pecado de todos nosotros. 7 Angustiado él, y afligido, no abrió su boca; como cordero fue llevado al matadero; y como oveja delante de sus trasquiladores, enmudeció, y no abrió su boca. 8 Por cárcel y por juicio fue quitado; y su generación, ¿quién la contará? Porque fue cortado de la tierra de los vivientes, y por la rebelión de mi pueblo fue herido. 9 Y se dispuso con los impíos su sepultura, mas con los ricos fue en su muerte; aunque nunca hizo maldad, ni hubo engaño en su boca. 10 Con todo eso, Jehová quiso quebrantarlo, sujetándole a padecimiento. Cuando haya puesto su vida en expiación por el pecado, verá linaje, vivirá por largos días, y la voluntad de Jehová será en su mano prosperada. 12 Por tanto, yo le daré parte con los grandes, y con los fuertes repartirá despojos; por cuanto derramó su vida hasta la muerte, y fue contado con los pecadores, habiendo él llevado el pecado de muchos, y orado por los transgresores.

Isaías 49:7

Así dice el SEÑOR, el Redentor de Israel, el Santo suyo, al despreciado, al aborrecido de la nación, al siervo de gobernantes: Lo verán reyes y se levantarán, príncipes, y se postrarán, a causa del SEÑOR que es fiel, del Santo de Israel que te ha escogido.

Isaías 50:6

Di mis espaldas a los que me herían, y mis mejillas a los que me arrancaban la barba; no escondí mi rostro de injurias y esputos.

Salmos 22:6-8

⁶ Mas yo soy gusano, y no hombre; Oprobio de los hombres, y despreciado del pueblo. ⁷ Todos los que me ven me escarnecen; Estiran la boca, menean la cabeza, diciendo: ⁸ Se encomendó a Jehová; líbrele él; Sálvele, puesto que en él se complacía.

Salmos 69:20

²⁰ El escarnio ha quebrantado mi corazón, y estoy acongojado. Esperé quien se compadeciese de mí, y no lo hubo; Y consoladores, y ninguno hallé.

Miqueas 5:1

Agrúpate ahora en tropas, hija de guerreros; han puesto sitio contra nosotros. Con una vara herirán en la mejilla al juez de Israel.

Mateo 26:67

Entonces le escupieron en el rostro y le dieron de puñetazos; y otros le abofeteaban,

Mateo 27:39

Y los que pasaban le injuriaban, meneando la cabeza.

Marcos 9:12

¹² Respondiendo él, les dijo: Elías a la verdad vendrá primero, y restaurará todas las cosas; ¿y cómo está escrito del Hijo del Hombre, que padezca mucho y sea tenido en nada?

Hebreos 12:2

² puestos los ojos en Jesús, el autor y consumador de la fe, el cual por el gozo puesto delante de él sufrió la cruz, menospreciando el oprobio, y se sentó a la diestra del trono de Dios.

Marcos 15:19

Le golpeaban la cabeza con una caña y le escupían, y poniéndose de rodillas le hacían reverencias.

Lucas 8:53

⁵³ Y se burlaban de él, sabiendo que estaba muerta.

Lucas 9:22

Diciendo: El Hijo del Hombre debe padecer mucho, y ser rechazado por los ancianos, los principales sacerdotes y los escribas, y ser muerto, y resucitar al tercer día.

Lucas 16:14

¹⁴ Y oían también todas estas cosas los fariseos, que eran avaros, y se burlaban de Él.

Salmos 69:29

²⁹ Más a mí, afligido y miserable, Tu salvación, oh Dios, me ponga en alto.

Mateo 26:37

³⁷ Y tomando a Pedro, y a los dos hijos de Zebedeo, comenzó a entristecerse y a angustiarse en gran manera.

Marcos 14:34

Y les dijo: Mi alma está muy afligida, hasta el punto de la muerte; quedaos aquí y velad.

Hebreos 2:15

15 Y librar a todos los que por el temor de la muerte estaban durante toda la vida sujetos a servidumbre.

Hebreos 4:15

Porque no tenemos un sumo sacerdote que no pueda compadecerse de nuestras flaquezas, sino uno que ha sido tentado en todo como nosotros, pero sin pecado.

Hebreos 5:7

Cristo, en los días de su carne, habiendo ofrecido oraciones y súplicas con gran clamor y lágrimas al que podía librarle de la muerte, fue oído a causa de su temor reverente;

Zacarías 11:13

13 Y me dijo Jehová: Échalo al tesoro ¡Hermoso precio con que me han apreciado! Y tomé las treinta piezas de plata, y las eché en la casa de Jehová al tesoro.

Mateo 27:9-10

Así se cumplió lo dicho por el profeta Jeremías, cuando dijo: Y tomaron las treinta piezas de plata, precio del apreciado, según precio puesto por los hijos de Israel; [10] *y las dieron para el campo del alfarero, como me ordenó el Señor.*

Hechos 3:13-15

El Dios de Abraham, de Isaac y de Jacob, el Dios de nuestros padres, ha glorificado a su Hijo Jesús, a quien vosotros entregasteis y negasteis delante de Pilato, cuando éste había resuelto ponerle en libertad. [14] *Más vosotros negasteis al Santo y al Justo, y pedisteis que se os diese un homicida,* [15] *y matasteis al Autor de la vida, a quien Dios ha resucitado de los muertos, de lo cual nosotros somos testigos.*

¡INCREIBLE LO QUE HIZO JESUS!

Todo lo soportó, el castigo que nosotros merecíamos por ser pecadores él lo sufrió en la cruz, su sangre santa la derramó y murió. Jesús pago totalmente nuestra deuda.

> *¡INCREIBLE LO QUE HIZO JESUS! Todo lo **soportó**, el castigo que nosotros merecíamos por ser pecadores él lo sufrió en la cruz, su sangre santa la derramo y murió, Jesús pago totalmente nuestra deuda.*

Pero con relación a los entes espirituales de maldad, ellos lo saben, saben lo que hizo Jesús, saben que no tienen derechos legales y deben irse, que están derrotados.

Colosenses 2:14

14 Anulando el acta de los decretos que había contra nosotros, que nos era contraria, quitándola de en medio y clavándola en la cruz, 15 y despojando a los principados y a las potestades, los exhibió. Públicamente, triunfando sobre ellos en la cruz.

¡PERO...! LOS DEMONIOS SE QUEDAN ESCONDIDOS.

Pero he aquí la verdad, ellos SE QUEDAN ESCONDIDOS, NO SE VAN, debemos expulsarlos, ese es nuestro trabajo, es por eso la razón de este libro de liberación, darles las herramientas para hacerlo.

Somos tripartitos, espíritu, alma y cuerpo. Ellos habitan en nuestra alma y cuerpo. Y es por eso de las enfermedades, dolores, tanto en los que no conocen de Cristo como los que son de Cristo; Cristianos.

> *Ellos SE QUEDAN ESCONDIDOS, NO SE VAN, debemos expulsarlos, ese es nuestro trabajo*

Es nuestro deber como Cristianos, como hijos de Dios de expulsarlos, he aquí este libro, usted conocerá las herramientas que usamos en este Ministerio de Liberación y Sanidad. Para que las practique en usted mismo, familia, congregación, para la Gloria de Nuestro Señor Jesucristo, a Él sea la honra, la gloria y poder por los siglos de los siglos ¡AMEN!

MENSAJES PARA RECORDAR

- *Por cuanto obedeciste a la voz de tu mujer, y comiste del árbol de que te mandé diciendo: No comerás de él; maldita será la tierra por tu causa; con dolor comerás de ella todos los días de tu vida.*

- *Por cuanto todos pecaron, y están destituidos de la gloria de Dios.*

- *Cristo nos redimió de la maldición de la ley, hecho por nosotros maldición.*

- **Llevó Él nuestras enfermedades y sufrió nuestros dolores**; *y nosotros le tuvimos por azotado.*

- *Escupieron en el rostro y le dieron de puñetazos y otros le abofeteaban.*

- *Él ha llevado el pecado de muchos. Cargó en Él, el pecado de todos nosotros.*

7. CONFERENCIA DE LIBERACIÓN EN MINNESOTA, USA

Esta conferencia fue realizada en el 2014.

Parece mentira Pero hay pastores que se oponen a la liberación, si Jesús lo hizo, los apóstoles lo hicieron, si Jesús dio la orden, Entonces ¡Porque no lo hacen! Y además vienen a criticar a alguien quien lo hace. ¡ERROR!. Incluso, están blasfemando.

Lucas 4:18-19

Jesús vino de Nazaret de donde se había criado, y en el día de reposo, entró a la sinagoga según costumbre se le dio el libro de Isaías. Jesús dijo: "el Espíritu del Señor esta sobre mí. Por cuanto me ha ungido para dar buenas nuevas a los pobres. Me ha enviado a sanar los quebrantados de corazón. A pregonar libertad a los cautivos, y vista a los ciegos. A poner en libertad a los oprimidos, a predicar el año agradable del Señor".

Esa fue la misión que Jesús tuvo en la tierra. Para esto vino el Hijo de Dios para deshacer las obras del maligno.

Cuando Jesús se refiere a pobre lo hace a nivel espiritual, también al escaso de dinero. Hermano, todos estábamos arruinados espiritualmente y el vino a darnos la buena noticia; el Evangelio. ¿Cuánta gente hay quebrantada de corazón? Hermanos, Yo era uno de ellos. Hay gente que ha sido maltratada, rechazada, humillada, dañada. Jesús vino para esa gente. Libertad a los cautivos. Entonces hay cautivos; bajo satanás estábamos cautivos. Este mensaje es igual para todos nosotros. Jesús dijo: "Así como el padre me envió, así yo los envío a ustedes".

Mateo 28:18-20

"Jesús dijo: toda potestad me ha sido dada en el cielo y en la tierra, por tanto, id, y haced discípulos a todas las naciones, bautizándolos en el nombre del Padre, y del Hijo y del Espíritu Santo, enseñándoles que guarden todas las cosas que yo les he mandado, y he aquí yo estoy con ustedes hasta el fin del mundo". Amen.

Nos habla del bautizo, en el nombre del Padre, del Hijo y del Espíritu Santo. Cuando hay confusión en uno de ellos hay problemas. El Rey de reyes nos dice claramente: En el Nombre del Padre, del Hijo y del Espíritu Santo. Amén. Hago énfasis en esto ahora, porque hay hermanos que no han podido ser liberados, y lo que he encontrado en común en ellos es que no creen en la Trinidad, han habido como seis personas de diferentes partes del mundo que le he practicado liberación y no han sido libres, es más, los demonios no se manifestaron, y creo que esa es la razón, ¿sabe

> *Los demonios conocen muy bien la Palabra de Dios, y saben quién está bien en doctrina y quién no.*

por qué? porque los demonios conocen muy bien la Palabra de Dios, y saben quién está bien en doctrina y quién no.

Lucas 9:1

"Habiendo reunido a sus doce discípulos, les dio poder y autoridad sobre todos los demonios, y para sanar enfermedades.

Fue claro. Jesús, los envío a predicar el reino de Dios, a sanar los enfermos y echar demonios; Anunciar el evangelio. Jesús los enviaba equipados.

Mateo 10:5-8

"[5] A estos doce envió Jesús, y les dio instrucciones, diciendo: Por camino de gentiles no vayáis, y en ciudad de samaritanos no entréis, [6] sino id antes a las ovejas perdidas de la casa de Israel.[7] Y yendo, predicad, diciendo: El reino de los cielos se ha acercado.[8] Sanad enfermos, limpiad leprosos, resucitad muertos, echad fuera demonios; de gracia recibisteis, dadlo de gracia.

Jesús lo dice muy claro. Así que si usted necesita liberación y se acerca a su pastor que le haga liberación, y él se lo niega porque ahí no creen en liberación, pregúntele al pastor por qué no lo cree, si en la Biblia está, y si además se opone a que usted busque ayuda afuera, en otros hermanos, usted está en una iglesia equivocada. Entonces usted decidirá qué hacer, quedarse ahí o buscar ayuda afuera, me atrevo a decir que ese pastor debe tener demonios, y esto es muy común.

Marcos 6:7, 12,13,

"*⁷Después llamó a los doce, y comenzó a enviarlos de dos en dos; y les dio autoridad sobre los espíritus inmundos.¹² Y saliendo, predicaban que los hombres se arrepintiesen.¹³ Y echaban fuera muchos demonios, y ungían con aceite a muchos enfermos, y los sanaban."*. La Palabra de Dios es clara, Él decía hagan esto todo el tiempo. ¡Aleluya!.

Lucas 9:37-42

"*³⁷Al día siguiente, cuando descendieron del monte, una gran multitud les salió al encuentro.³⁸ Y he aquí, un hombre de la multitud clamó diciendo: Maestro, te ruego que veas a mi hijo, pues es el único que tengo;³⁹ y sucede que un espíritu le toma, y de repente da voces, y le sacude con violencia, y le hace echar espuma, y estropeándole, a duras penas se aparta de él.⁴⁰ Y rogué a tus discípulos que le echasen fuera, y no pudieron.⁴¹ Respondiendo Jesús, dijo ¡Oh generación incrédula y perversa! ¿Hasta cuándo he de estar con vosotros y os he de soportar? Trae acá a tu hijo.⁴² Y mientras se acercaba el muchacho, el demonio le derribó y le sacudió con violencia; pero Jesús reprendió al espíritu inmundo, y sanó al muchacho, y se lo devolvió a su padre.*".

Hay gente que dice que no hay que hacerle preguntas a la gente ni a los demonios, hay cosas que nosotros no podemos hacer, pues lo hace el Espíritu Santo por nosotros, Amén. Si usted por ejemplo, ha sido violada en su niñez, seguro hay demonios.

En una oportunidad Jesús le preguntó ¿Desde cuándo estaba así el muchacho? Y el padre le respondió: Desde que era niño.

> *Ellos estaban aprendiendo con Jesús. Y eso también nos enseña a nosotros.*

Jesús sanó al muchacho. Jesús en ése caso les explica a los discípulos cómo sacar demonios, de hecho ellos estaban aprendiendo con Jesús. Y eso también nos enseña a nosotros, como aprender. La oración, el ayuno y la fe son clave, por eso les decía generación incrédula. Hay que creer para hacer liberación y también para ser liberado, Amén. Sin fe es imposible agradar a Dios.

En Hechos 1: Ya Jesucristo murió y resucitó. Y les dijo a sus discípulos:

Hechos 1:8

"Pero recibiréis poder cuando el Espíritu Santo venga sobre vosotros; y me seréis testigos en Jerusalén, en toda Judea y Samaria, y hasta los confines de la tierra".

Jesús dice recibiréis poder cuando Él venga, Él está en nosotros, está aquí ya, ¿Amén? Entonces, tenemos poder para hacer la obra, si tenemos el poder pero no lo usamos, es como si no lo tuviéramos. Si usted tiene dinero y no lo usa, (es ejemplo, no comparación), es como si no lo tuviera. ¡Úselo! El poder está en nosotros, a través del Espíritu Santo.

> *El poder está en nosotros, a través del Espíritu Santo.*

Hechos 5:16

"Y aun de las ciudades vecinas muchos venían a Jerusalén trayendo enfermos, y atormentados de espíritus inmundos, y todos eran sanados.

Ahí son los discípulos haciendo esa obra.

Hechos 8:6-8

Y la gente, unánime, escuchaba atentamente las cosas que decía Felipe, oyendo y viendo las señales que hacía.⁷ Porque de muchos que tenían espíritus inmundos, salían éstos dando grandes voces; y muchos paralíticos y cojos eran sanados;⁸ así que había gran gozo en aquella ciudad.

Felipe es como nosotros: cristiano, pastor, líder. La pregunta es ¿En su iglesia se practica liberación? Si no es así, hable con el pastor, que se arrepienta si no lo ha hecho y se capacite o muéstrele este libro, porque es posible que la congregación esté enferma.

> *Muéstrele este libro, porque es posible que la congregación esté enferma.*

¿Por qué había gran gozo en la ciudad? Porque todos estaban sanándose. ¿Por qué la gente venía? ¿Por qué había señales y prodigios? Muchos de ellos venían porque tenían espíritus inmundos.

Lucas 13:10-17

[10] Enseñaba Jesús en una sinagoga en el día de reposo; [11] y había allí una mujer que desde hacía dieciocho años tenía espíritu de enfermedad, y andaba encorvada, y en ninguna manera se podía enderezar. [12] Cuando Jesús la vio, la llamó y le dijo: Mujer, eres libre de tu enfermedad. [13] Y puso las manos sobre ella; y ella se enderezó luego, y glorificaba a Dios. [14] Pero el principal de la sinagoga, enojado de que Jesús hubiese sanado en el día de reposo, dijo a la gente: Seis días hay en que se debe trabajar; en éstos, pues, venid y sed sanados, y no en día de reposo. [15] Entonces el Señor le respondió y dijo: Hipócrita, cada uno de vosotros ¿No desata en el día de reposo su buey o su asno del pesebre y lo lleva a beber? [16] Y a esta hija de Abraham, que Satanás había atado dieciocho años, ¿no se le debía desatar de esta ligadura en el día de reposo?

[17] Al decir él estas cosas, se avergonzaban todos sus adversarios; pero todo el pueblo se regocijaba por todas las cosas gloriosas hechas por él.

Hay aquí una enseñanza; había una mujer encorvada y tenía 18 años con ese ¡ESPIRITU DE ENFERMEDAD! ¿Me pregunto cuántos años tendría de estar escuchando prédicas, con distintos pastores, líderes? Jesús la sanó del demonio, y ninguno había hecho nada, ni los pastores.

> *Es por eso este libro de liberación, para que usted se capacite en esta área y así pueda ayudar a otros y a usted mismo.*

Actualmente pasa en la mayoría de las Iglesias que hay muchas personas enfermas por los demonios y nadie hace nada, es por eso este libro de liberación, para que usted se capacite en esta área y así pueda ayudar a otros y a usted mismo. Yo tuve un caso parecido, era una mujer muy querida en nuestra iglesia con más de 30 años jorobada, Fue libre, tenía unos demonios de brujería en la espalda. ¡Jesucristo es el mismo de ayer, hoy y siempre!

La fe de la mujer cananea (siro fenicia).

Mateo 15

[21]Saliendo Jesús de allí, se fue a la región de Tiro y de Sidón. [22] Y he aquí una mujer cananea que había salido de aquella región clamaba, diciéndole: Señor, Hijo de David, ten misericordia de mí. Mi hija es gravemente atormentada por un demonio.[23] Pero Jesús no le respondió palabra. Entonces acercándose sus discípulos, le rogaron, diciendo: Despídela, pues da voces tras nosotros.[24] El respondiendo, dijo: No soy enviado sino a las ovejas pérdidas de la casa de Israel.[25] Entonces ella vino y se postró ante él, diciendo ¡Señor, socórreme![26] Respondiendo Él, dijo: No está bien tomar el pan de los hijos, y echarlo a los perrillos [27] Y ella dijo: Sí, Señor; pero aun los perrillos comen de las migajas que caen de la mesa de sus amos.[28] Entonces respondiendo Jesús, dijo: Oh mujer, grande es tu fe; hágase contigo como quieres. Y su hija fue sanada desde aquella hora.

> *¡Esa es la clave! La liberación es para los que creen, los que tienen fe*

Esta mujer era extranjera, pero cuando se postró humildemente ante el Señor, todo cambió. ¡Esa es la clave! La liberación es para los que creen, los que tienen fe. La persona que esta endemoniada y no tiene fe olvídese de ser liberada. Es para los hijos de Dios.

El endemoniado Gadareno

Lucas . 8.26-39

^{26} Y arribaron a la tierra de los gadarenos, que está en la ribera opuesta a Galilea.^{27} Al llegar Él a tierra, vino a su encuentro un hombre de la ciudad, endemoniado desde hacía mucho tiempo; y no vestía ropa, ni moraba en casa, sino en los sepulcros.^{28} Este, al ver a Jesús, lanzó un gran grito, y postrándose a sus pies exclamó a gran voz: ¿Qué tienes conmigo, Jesús, Hijo del Dios Altísimo? Te ruego que no me atormentes.^{29} (Porque mandaba al espíritu inmundo que saliese del hombre, pues hacía mucho tiempo que se había apoderado de él; y le ataban con cadenas y grillos, pero rompiendo las cadenas, era impelido por el demonio a los desiertos.)^{30} Y le preguntó Jesús, diciendo: ¿Cómo te llamas? Y él dijo: Legión. Porque muchos demonios habían entrado en él.^{31} Y le rogaban que no los mandase ir al abismo.^{32} Había allí un hato de muchos cerdos que pacían en el monte; y le rogaron que los dejase entrar en ellos; y les dio permiso.^{33} Y los demonios, salidos del hombre, entraron en los cerdos; y el hato se precipitó por un despeñadero al lago, y se ahogó.^{34} Y los que apacentaban los cerdos, cuando vieron lo que había acontecido, huyeron, y yendo dieron aviso en la ciudad y por los campos.^{35} Y salieron a ver lo que había

sucedido; y vinieron a Jesús, y hallaron al hombre de quien habían salido los demonios, sentado a los pies de Jesús, vestido, y en su cabal juicio; y tuvieron miedo.^{36} Y los que lo habían visto, les contaron cómo había sido salvado el endemoniado.^{37} Entonces toda la multitud de la región alrededor de los gadarenos le rogó que se marchase de ellos, pues tenían gran temor. Y Jesús, entrando en la barca, se volvió.^{38} Y el hombre de quien habían salido los demonios le rogaba que le dejase estar con él; pero Jesús le despidió, diciendo: ^{39} Vuélvete a tu casa, y cuenta cuán grandes cosas ha hecho Dios contigo. Y él se fue, publicando por toda la ciudad cuán grandes cosas había hecho Jesús con él.

> **Vuélvete a tu casa, y cuenta cuán grandes cosas ha hecho Dios contigo**

Esto último del pasaje es lo que debemos hacer, contar en nuestras iglesias y ciudades, cuán grandes cosas hace Jesús hoy. El demonio vivía en sepulcros, los demonios lo tenían atados a vivir ahí.

El demonio vivía dentro del ser humano, nadie lo podía dominar. Pero sí el Espíritu de Dios que está dentro de nosotros. Los demonios reconocieron a Jesús como Hijo del Dios Altísimo; ellos corren, se arrodillan, conocen la autoridad, y obedecen la autoridad.

Ellos saben quiénes somos nosotros y nuestra autoridad en Cristo Jesús.

> *Tienen nombre y la mayoría de veces se identifican por sus funciones, Siempre hay un líder.*

Los demonios no quieren ir al abismo, buscan cuerpos; para ocuparlos. Son atormentados cuando se les echa fuera; por eso buscan cuerpos. Cuando entran en una persona, ésta es atormentada y ellos están en paz, pero cuando son echados, ellos quedan atormentados y la persona queda en paz. Los demonios tienen nombre y la mayoría de veces se identifican por sus funciones, Siempre hay un líder.

Ustedes están aquí para aprender liberación; para hacerlo a otras personas. Otros para auto liberarse. Estas cosas son para aplicarlas a usted mismo o para su Iglesia. Siempre diríjanse al líder, pregunten por el demonio de más alto rango. Esto es muy importante porque en algunas liberaciones suelen salir pocos demonios y la gente dice ya está libre, y no es así, hermanos(as) todavía quedan dentro de la persona los más fuertes, ellos están calladitos, escondidos, en este caso había un líder con más de mil demonios o legión de demonios.

Son varios, piensan, negocian, toman decisiones, respetan la autoridad. Es por eso que se ordena en el nombre de Jesús, se le ordena has esto, has aquello. Siempre y cuando que el cristiano este a cuentas con el señor Jesús ellos obedecen. Los demonios son inteligentes, el demonio que está dentro de nosotros puede estarlo desde un antepasado, pueden habitar en animales también. Los demonios están adentro porque alguien abrió puertas. El pecado abre puertas, apártese del pecado: Pornografía, películas de terror. El 80 a 90% de las enfermedades son demoniacas.

> *El 80 a 90% de las enfermedades son demoníacas.*

7.1. ¿Qué es Liberación?

Es la destrucción demoníaca que hay en usted, es el trabajo de liberar demonios de usted.

¿Porque están adentro los demonios? Porque hubo o hay alguna apertura de puertas, un derecho legal para que ellos ingresen; el pecado es una de ellas. Ellos vienen a robar, matar y destruir. Por eso aborrezcan el pecado, es lo primordial. Eviten pecar viendo películas no santas, no sanas, éstas abren puertas, dan derecho legal a ellos para ingresar en su cuerpo, en su alma. El problema no es el demonio, es el pecado.

Liberación es la labor o servicio en usted a través de la confesión mediante el arrepentimiento; perdón, ordenándole al demonio que se vaya en el nombre de Jesús. Liberación es hacer las paces con nuestro creador, consigo mismo y con el prójimo; arreglar su vida.

Y los demonios tienen que irse en el Nombre de Jesús. ¿Estamos de acuerdo? No se van si usted no arregla su vida, si usted les está dando legalidad. ¿Comprende? Confesando los pecados desde niño, entonces usted va a la persona que le hizo daño y le pide perdón. Devolver lo que le debe. Son ejemplos simples. Hágalo.

Yo también tengo que perdonarme, eso es liberación. Todo el pasado: abortos, divorcios, etcétera.

Mucha gente ya no va a las iglesias, por la hipocresía que hay en ellas. Hermanos que te bendicen, pero que jamás te pidieron perdón por lo que te hicieron, te deben, te hicieron daño.

> *Tenemos que arreglar nuestras vidas, para poder ser libres.*

Les cuento que yo tuve negocio, yo fiaba confiadamente hasta que fui a una fiscalía para que una persona me pagara lo que me debía. Tampoco me pagó. Un día me lo encontré en Colombia, ya cambiado él, soy Pastor me decía, y yo en mi mente le decía págame lo que me debes, no me dijo nada. Tenemos que arreglar nuestras vidas para poder ser libres.

Les comento que también fui mujeriego y por lo tanto tenía muchísimos demonios, fui libre, pero el último demonio que tenía hace poco escondido era el de lascivia, no se me había ido, Ya se fue ¡Gracias a Jesús!

Adulterio de corazón, no mirar a otra mujer con pensamientos de lascivia, eso ya es adulterio. Y más, el que ha sido promiscuo. Yo renuncie y pedí perdón a Dios, y me liberé.

La pornografía, nos lleva a la masturbación. Sí vemos cosas de terror, demonios entrarán por los ojos, igual lo que uno escucha.

Sólo en el Nombre de Jesús se puede echar demonios. Estás señales seguirán a los que creen: Echarán fuera demonios, hablarán nuevas lenguas. La pregunta es ¿Usted cree en Cristo? ¿Cuántos demonios ha echado fuera? ¿Pastor, usted cree en Cristo? Sí, pues claro que sí. Entonces muéstreme las señales de Cristo. ¿Cuáles señales? Que en el Nombre de Jesús echarán fuera demonios.

Cuándo la persona se muere, el demonio abandona el cuerpo. Sólo vive en un cuerpo con vida, sale de éste y busca otro cuerpo vivo; sí, ellos buscan su tranquilidad en cuerpos que puedan atormentar. ¿Comprenden hermanos? Sólo en el Nombre de Jesús pueden salir, solamente en Él y nada más, lo dice la Palabra de Dios.

Los demonios conocen la autoridad y la respetan, está escrito y lo saben. Una característica del creyente es que hay señales, y las señales de Jesús deben seguirle.

El Espíritu Santo de Dios habita en nuestro espíritu. Nosotros somos espíritu, alma y cuerpo.

Los demonios buscan habitar en un cuerpo, ellos no tienen cuerpo: Son espíritus.

Nosotros que somos propiedad de Dios, al ser cristianos, somos los únicos que podemos ser libres de demonios.

Es necesario dejar el orgullo de lado y hacerse la liberación. Cuando me invitan los pastores a sus iglesias, yo les pido liberarlos a ellos primero, sus esposas, sus hijos, sus líderes y les exijo estar a mi lado siempre.

Jesucristo queremos que Tu Palabra reine en nuestra vida abundantemente, libre de demonios, libre de enfermedades, libre de tormentos para tu honra y gloria Jesús de Nazaret. Amén. Aleluya.

MENSAJES PARA RECORDAR

- *No se van si usted no arregla su vida, si usted les está dando legalidad.*

- *Es necesario dejar el orgullo de lado y hacerse la liberación.*

- *Los demonios conocen la autoridad y la respetan, está escrito y lo saben.*

- *Sólo en el nombre de Jesús se puede echar demonios.*

- *Hay hermanos que no han podido ser liberados y lo que he encontrado en común en ellos, es que no creen en la Trinidad.*

- *Echad fuera demonios; de gracia recibisteis, dad de gracia.*

- *Vino el Hijo de Dios para deshacer las obras del maligno.*

Conferencia de Liberación en Minnesota, USA

8. LIBERACIÓN EN UNA CONFERENCIA A UNOS LÍDERES EN CALIFORNIA

La siguiente información corresponde a una parte de una sección de liberación a unos líderes en uno de mis seminarios en California. Usted puede usarla como modelo para usted mismo, familia, grupo o iglesia. Todo fue escrito textualmente del video que se grabó al igual que las otras conferencias.

Nota: Usted léala varias veces y adáptela,
Este es el objetivo.

8.1. Introducción a la liberación masiva.

Roger: Primeramente y muy fundamental es estar en paz con el Señor, con las demás personas y con uno mismo.

Luego de hacer nuestra oración de confesión, renuncia y de separarnos del pecado, lo que sigue es expulsar a los demonios de nosotros porque ya les hemos quitado el derecho legal a ellos, recuerden que el problema es el pecado.

Ustedes van a ser libres en el Nombre de Jesucristo, pero después deben mantener esa liberación.

No deben cometer aquellos errores que hacían antes. Mucho cuidado con lo que ven en la televisión, en el internet. Tengan mucho cuidado con los noticieros, hay que mantenerse informado pero mucho cuidado con las noticias de asesinatos sangrientos, violaciones, crímenes, terror y similares. Lo más saludable es estar y adentrar en las cosas de El Señor, en Su Palabra, dentro de la iglesia, en la congregación, las prédicas, mensajes que hablen de Cristo y su Verdad. Aprender más sobre cosas edificantes y menos de la no edificantes, acercarnos al Señor, así nos alejamos de las cosas del mundo que nos apartan del llamado y propósito de nuestro Dios. Si usted tiene un amigo o una amiga que no es creyente en Jesucristo, vaya y háblele de Él. ¡Pero después no se involucre en problemas con esa persona! ¡Tengan en cuenta que el demonio lo persigue, y por el pecado entra en ustedes! Y ¡quizás! estén muy confiados que no les pasará nada, pero el demonio está mirándolos, y siguiéndolos a cualquier lugar que vayan y si usted se enoja, que eso es un pecado ¡entrará en usted! "Así de sencillo".

> *"Yo lo hago siempre", a diario lo vivo, al levantarme oro al Señor, pidiendo perdón por cualquier pecado o palabra que dije dándome o no cuenta de ello y echo los posibles demonios.*

Por eso siempre deben mantenerse en un estado de alerta y consiente que estamos en guerra "Yo lo hago siempre", a diario lo vivo, al levantarme oro al Señor, pidiendo perdón por cualquier pecado o palabra que dije dándome o no cuenta de ello y echo los posibles demonios. Si ellos quieren entrar por esa área en mi vida, en el nombre de

Jesucristo los echó fuera y tienen que irse. Todos los días cancelo cualquier tipo de conjuro en contra de mí vida y familia en el Nombre de Jesucristo. Tenemos la autoridad y si hacemos caso de su Palabra, tendremos la victoria. Si estoy en santidad con el Señor Jesucristo entonces ningún demonio tiene autoridad sobre mí vida; Inmediatamente les ordeno que se retiren de ese lugar. Es sencillo. "Tome esto como rutina".

"Los demonios" cuando salen de nuestro cuerpo usualmente se manifiestan por eructos, bostezos, lagrimas, vómitos.

Pueden hablar a través de usted. Otras ocasiones el demonio le envía información a su mente o visiones y usted me las dice al momento. Cuando habla usted con alguien tenga la plena seguridad que son muchos los que los observan. Y también Dios está viéndolo y escuchándolo. Así que mucho cuidado con lo que hablamos y hacemos. ¡Otra cosa importante! Nunca ofenda a los demonios." ¡NO!". El problema es el pecado. Ellos están allí por el pecado. Si alguno le ha dicho palabras injuriosas al demonio, por ejemplo: ¡Maldito demonio!... pídale perdón a Dios por eso. "NO" al demonio. Porque todas son criaturas de Dios. Si el demonio entró, no se va a ir hasta que usted no le pida perdón a Dios, y esto es muy en serio. Haremos una pequeña oración para destruir las brujerías que posiblemente les han hecho a ustedes, familias o antepasados. Tranquilos, no tengan miedo.

8.2. Oración de liberación masiva.

Entramos en presencia de Jesucristo, ustedes cierren los ojos, tranquilos no se distraigan con nada.

Por la Palabra de Dios, yo ordeno en el Nombre que es sobre todo nombre el Nombre de Jesús que los demonios arreglen todos los daños que han causado a estos creyentes en Jesucristo. Les ordeno que antes de irse todo lo arreglen; todo lo ponen en su lugar en el Nombre de Jesús. Si es de salud, trabajo o cualquier daño ahora mismo es reparado. Ustedes desordenaron; ustedes lo ordenan.

Estas personas han aceptado, han reconocido en su corazón que Jesucristo es el Hijo de Dios y lo han confesado con su boca, por eso se rompe todo pecado. ¡El trabajo de ustedes ha terminado! Y van a desocupar inmediatamente estas personas. Tienen que hacerlo; No hay opción, en el Nombre de Jesucristo.

> *Ningún demonio me puede atacar, estoy lavado y cubierto con la Sangre de Jesucristo. Y lleno del Espíritu Santo y revestido con la armadura de Dios.*

Ningún demonio me puede atacar, estoy lavado y cubierto con la Sangre de Jesucristo. Y lleno del Espíritu Santo y revestido con la armadura de Dios. No tienen ningún derecho legal sobre mí. Tienen prohibido atacarme en el Nombre de Jesucristo.

Estas personas ya han renunciado a todo pecado, Cada reino demoníaco que esté en estas personas, se disuelve y se marcha completamente sin excepción.

En el Nombre de Jesucristo queda también liberada la familia, nietos y parientes. Toda brujería queda cancelada. En el Nombre de Jesucristo tomo la espada que es la Palabra de Dios y pongo a esta persona en bendición y les saco toda maldición que recaiga sobre ellos.

En el Nombre de Jesucristo corto todas las cadenas, lazos y ataduras.

En el Nombre de Jesucristo se limpia esta persona y se cancela todo conjuro de esta persona y de sus antepasados. Se cancela toda palabra de maldición en el Nombre de Jesucristo. Se acabó. Todos demonios afines por esto ya no tienen nada que hacer.

En el Nombre de Jesucristo Se acabó todo ya. Cancelo conjuros, rezos satánicos, brujería con fotos y de cualquier tipo. En el Nombre de Jesucristo todo lo cancelo. No queda ninguna relación, ni parecido.

Si el demonio ha entrado o ha sido enviado en una comida o una bebida, cancelo esas órdenes en el Nombre de Jesús, bendigo esa comida, bendigo esa bebida en el Nombre de Jesucristo, y todo daño lo cancelo, y se va la brujería.

Si han sido enviados y han entrado a través de una prenda de vestir, objeto, polvo, o cualquier otra cosa, yo por El Nombre de Jesucristo cancelo esa brujería y bendigo esta prenda, objeto o cosa.

Los demonios se van porque todo pacto se quebró, el pacto que hizo Jesús todo lo quebró y anuló. Bendigo su cabeza, su cuello, su espalda, su estómago, sus partes íntimas, y todo su cuerpo.

> *Los demonios se van porque todo pacto se quebró, el pacto que hizo Jesús todo lo quebró y anuló.*

¡Desocúpenlo! ¡Ni un solo demonio se queda! Totalmente lo desocupan, es libre esta persona, es de Jesús. Todos se tienen que ir. No hay opción. Es la palabra de Dios. Se van es una orden en el Nombre de Jesús. El pecado ya fue confesado al Señor. Esta persona ya ha pedido perdón. No se queda ningún espíritu maligno porque ya no tiene ningún derecho legal, en el Nombre de Jesús tienen que irse. Si algún demonio todavía no se quiere ir, les ordeno en el Nombre de Jesús que muestren a esta persona el derecho legal o el motivo por el cual no se quieren ir. Y en el nombre de Jesús van a dejar que estas personas pida perdón a Dios. Y totalmente van a desocupar a esta persona. Absolutamente. Ya no tienen derecho legal. Si ustedes están ahí por personas que ya murieron, tienen que irse; Tienen que dejarlos. Enfermedades causadas tienen que irse de ahí. Esta persona ya ha renunciado a todo. Si algún demonio considera tener derecho legal y no quiere irse, le ordeno que le revelen a la persona por que no se quieren ir. Y en el Nombre de Jesús lo ordeno. Todo demonio que provenga de soberbia, en esta persona confiese mentalmente y pida perdón a Dios y el demonio aquí lo está escuchando y tiene que irse. ¡FUERA, FUERA, FUERA! ¡EN EL NOMBRE DE JESUS! ¡FUERA!

> *Considera tener derecho legal y no quiere irse, le ordeno que le revelen a la persona por que no se quieren ir.*

9. PUERTAS GENERALES DE ENTRADAS DEMONÍACAS

Por lo general existen maneras comunes por donde entran los demonios, es importante tener en cuenta estas puertas cuando esté haciendo la liberación. Muchas son Bíblicas y otras las he vivido o encontrado por mi propia experiencia y estudio en esta área.

NOTA: Por ser un tema muy importante y clave lo ampliamos en el Capítulo siguiente.

Les aclaro que en Jesucristo fuimos redimidos de la maldición de la ley, de las iniquidades, de nuestros pecados y los de nuestros antepasados, Gal 3:13. Estamos bajo bendición, bajo la gracia, pero los demonios y las enfermedades no se van, se quedan sin derecho legal en nuestros cuerpos y el de nuestros familiares, por eso tenemos enfermedades y sufrimientos.

Pero los demonios y las enfermedades no se van, se quedan sin derecho legal en nuestros cuerpos y el de nuestros familiares, por eso tenemos enfermedades y sufrimientos.

Ellos lo hacen realidad, por eso la clave es tratar, en lo posible, de conocer nuestros pecados y los de nuestros antepasados, para poder identificarlos, renunciar a ellos y expulsarlos con mayor facilidad. Erradicar en nuestra familia maldiciones de diabetes, cánceres, alcoholismo, pobreza, Etc., es nuestro deber expulsarlos.

9.1. Maldiciones generacionales.

Estas son las maldiciones que nuestros padres, abuelos, bisabuelos y tatarabuelos trajeron a nuestra vida, es decir, aún antes de nacer; usted podría tener demonios. A estos se les llama demonios familiares, siempre están dentro de su familia. Ejemplos: enfermedad, pobreza, violencia.

9.2. Pecados propios.

Por la desobediencia a Dios y su Palabra: Son aquellos pecados cometidos por nosotros mismos.

9.3. Pactos satánicos.

Estos son los pactos entre una persona y Satanás o entre personas que quieren lograr algo entre sí, así sea poder, dinero, Etc., por lo general los hacen con sangre de animales o sangre humana, la persona a cambio le entrega espiritualmente a Satanás su familia y generación futura.

9.4. Traumas, accidentes físicos y emocionales.

El enemigo aprovecha todo para entrar, los más comunes son a través de estos traumas o accidentes, son los demonios de tristeza, amargura, odio, depresión, miedo, pánico. Ejemplos: divorcios, violaciones, accidentes, atracos, muertes, adulterios, infidelidades.

9.5. Por brujerías.

Esta es una puerta muy común, casi en todas las liberaciones tenemos estos casos, por esta razón le dedicaremos abajo un capitulo a este tema.

9.6. Maldiciones por palabras:

Hay que tener mucho cuidado con las palabras que nos dicen o decimos, he encontrado muchas personas que les han dañado su vida porque alguien le dijo a sus padres que sus hijos serian drogadictos y realmente lo fueron. Incluso las letras de las canciones que escuchamos o cantamos, hay algunas letras de canciones donde las personas generan ataduras para nosotros mismos, especialmente las de tristeza, despecho y por supuesto todas las no cristianas. Las palabras más comunes son: ¡Nunca te casarás! ¡Serás un don nadie!, ¡eres un bruto! ¡Eres un flojo! Etc.

9.7. Puertas, casos especiales y testimonios.

Estas han sido por experiencias propias.

9.7.1. Por atacar erróneamente a un Principado.

No es nuestra labor hacerlo, podemos pedirle al Padre en el Nombre de Jesús que lo haga, él sí puede hacerlo no nosotros. El problema es el pecado, los pactos sobre una región que haya hecho alguien, especialmente presidentes, gobernadores o cualquier persona con autoridad podría ser la causa en esa región determinada ¡En ese caso hay que anular ese pacto en el nombre de Jesús y listo! Así de sencillo se soluciona el problema, siempre hay que quitarles el derecho legal y luego expulsarlo, sería mejor si se conoce cuál fue el pacto, pero si no se sabe, no importa, usted por fe, puede cancelar todo.

9.7.2. Por violar los supuestos derechos de los demonios.

Cuando una persona tiene demonios, por lo regular, los demonios se hacen los dueños de todo lo que este bajo su propiedad o autoridad y lo defienden. En general, si una persona tiene demonios, estos se hacen dueños de todo lo que tenga en su propiedad, o creen tener derechos sobre ese objeto y lo defienden atacando al supuesto intruso. Ejemplo: las camas, ropa… Etc.

Testimonio por violar los supuestos derechos de los demonios: Una vez estaba ministrando una familia en un cuarto y quedé cansado, entonces me acosté unos minutos en una cama que estaba ahí, de pronto tuve un ataque fuerte de un demonio que pasó por el lado derecho de mi pecho hacia el izquierdo, y de ahí para el corazón, y este empezó a latir muy rápido, era taquicardia, y yo reaccioné haciendo una auto liberación, pero nada, el demonio no se iba, ya me estaba preocupando, y me estaba quedando sin fuerzas, la hermana que estaba ahí, empezó también a orar pero nada, estaba casi histérica, el demonio no se me quitaba. Dios me envió a otro de sus siervos con experiencia en liberación y Dios lo usó para liberarme; ese fue un tremendo susto, aunque yo sé que ellos no pueden quitar la vida sin el permiso de Dios, y yo estaba haciendo su voluntad. El problema fue que yo me descuidé, me confié en no limpiar espiritualmente esa cama porque siempre hay que hacerlo cuando la cama o el cuarto no son propios, ya que luego me enteré que en esa cama dormía un joven drogadicto ya que había estado tres días en la calle drogándose como era su costumbre.

9.7.3. Por pesadillas (Durmiendo).

Los demonios son muy astutos y traicioneros, se aprovechan de todo para lograr entrar en nosotros y atormentarnos. He descubierto que ellos pueden entrar durante los sueños y pesadillas, ellos empiezan atacando nuestra mente todo el tiempo, especialmente en nuestros sueños, cuando no nos podemos defender, por estar dormidos, por eso es muy necesario siempre estar orando y reprendiendo; de esa manera, aunque estemos soñando o teniendo pesadillas, podemos lograrlo. El Espíritu Santo nos hará recordar y aunque estemos durmiendo, podremos defendernos.

Los más comunes son las pesadillas de miedo, terror y pánico o las de sueños eróticos. Cada vez que tengo alguna pesadilla o sueño; reprendo, y si me despierto continúo reprendiendo, y he llegado a sentir como salen por mi brazo al moverse involuntariamente e inmediatamente limpio el cuarto.

Puertas Generales de Entradas Demoniacas

En todas las ministraciones pregunto acerca de ese tema y si son repetitivas, les pregunto qué me cuenten más o menos los sueños, y de acuerdo a ello, se les expulsan los demonios.

9.8. Puertas comunes de entradas a los demonios.

Las siguientes son algunas de las puertas que hemos encontrado y que dan entrada a demonios; por lo general, el pecado es la principal causa de entrada, de hecho, cada pecado que cometemos es una puerta por donde pueden entrar los demonios.

Adorar a San Gregorio	Adulterio
Abortos	Artes Marciales
Abortos forzados	Atacar a los Principados
Accidentes	Bestialismo
Adorar a María Lionza	Brujerías enviadas
Catolicismo	Mentir
Chismosear	Metálica
Cigarrillo	Miedos
Cocaína	Mormón
Criticar	No diezmar
Dedicaciones a santos (Demonios)	No perdonar
	No respetar a los demonios
Drogas	Novelas
Escuchar Música Rock,	

Escuchar sermones de Prosperidad Financiera

Fornicación

Fraude

Homosexualismo

Horóscopo

Idolatría a personas

Idolatría a santos

Imposiciónde manos no santificadas (en pecado)

Ira

Lujuria

Maldecir

Marihuana

Terror, miedo, guerra

Testigos de Jehová

Traer objetos inmundos a la casa

Videojuegos

Violaciones

Visitar brujos

Yoga

Ocultismo

Odio

Películas de Batman

Películas burlonas y pornográficas

Prometer y no cumplir

Prostitución

Pactos de Sangre demoníacos

Peleas

Pedir fuerza y poder

Rebelión

Robo

Satanismo y brujerías encubiertas

MENSAJES PARA RECORDAR

- *Por brujerías: Esta es una puerta muy común, casi en todas las liberaciones tenemos estos casos.*

- *Siempre hay que quitarles el derecho legal y luego expulsarlo.*

- *Por eso es muy necesario siempre estar orando y reprendiendo.*

- *Me confié en no limpiar espiritualmente esa cama.*

10. CONFERENCIA SOBRE LAS PUERTAS DE ENTRADAS DEMONÍACAS

Esta conferencia se realizó en Minnesota. USA

Vamos hablar en esta parte de conocer las puertas principales o las puertas de entrada demoníaca, cuando digo demoníaca casi siempre digo y me refiero a enfermedades porque va relacionado, donde hay enfermedades casi siempre hay demonios y donde hay demonios hay enfermedades y destrucción. El 80% o 90 % es así.

Entonces hay cuatro forma generales en que puedan entrar los demonios, las cuales téngalas en cuenta cuando ministre las liberaciones. Personalmente las tengo muy en cuenta porque por esas puertas generales son las entradas de los demonios.

10.1   Primera Puerta: Maldiciones generacionales.

¿Qué son maldiciones generacionales? Son consecuencias de actos de nuestros antepasados; padres, abuelos, bisabuelos y tatarabuelos. Han cometido pecados y han pasado a nosotros. Hay también maldiciones generacionales que no solamente proviene desde la tercera o cuarta generación, sino que desde la décima generación.

La maldición desde la décima generación trata directamente en la Palabra de Dios sobre los hijos bastardos, ellos son aquellos hijos que son engendrados fuera del matrimonio. Podemos decir que mucha gente ha caído ahí. Una buena parte de la humanidad está relacionada a ésta maldición; familias, amigos, vecinos. Actualmente se comete más pecados de esta naturaleza que otros. Por lo general, casi siempre un hombre tiene varias mujeres. Tienen probablemente una mujer oficial que es la esposa, y aparte tiene un montón de mujeres más dando vueltas por ahí, teniendo hijos que no son concebidos en matrimonio. Ellos son llamados hijos bastardos y es un pecado que se cometió en ése momento y cuya maldición alcanza hasta la décima generación, y son éstas maldiciones las que ejecutan los demonios.

> *Estas maldiciones las que ejecutan los demonios.*

Ahora mismo es más común ver hijos nacidos de relaciones pasajeras, de las llamadas parejas. Viven un tiempo juntos y se separan cuando piensan que se ha desgastado la relación o cambian simplemente de pareja, viven sin un vínculo matrimonial, pero traen niños al mundo. Entonces, las maldiciones se van multiplicando, el mal va en aumento.

¿Me están entendiendo? Ése es un típico ejemplo de una maldición generacional de hasta 10 generaciones. Ellas van pasando de una en una de las generaciones de las personas. Imagine que en cada generación siguiente ocurre el mismo pecado. ¿En qué generación se cortaría ésta maldición?

Entre las maldiciones de Tercera y Cuarta Generación, tenemos que igualmente nuestros antepasados cometieron pecado de Fornicación Espiritual, es decir, tuvieron dioses ajenos al Señor, a pesar de la advertencia de:

Éxodo 20:1-6

"Y habló Dios todas estas palabras, diciendo: Yo soy Jehová tu Dios, que te saqué de la tierra de Egipto, de casa de servidumbre. No tendrás dioses ajenos delante de mí. No te harás imagen, ni ninguna semejanza de lo que esté arriba en el cielo, ni abajo en la tierra, ni en las aguas debajo de la tierra. No te inclinarás a ellas, ni las honrarás; porque yo soy Jehová tu Dios, fuerte, celoso, que visito la maldad de los padres sobre los hijos hasta la tercera y cuarta generación de los que me aborrecen".

Pregunto: ¿Lo ven con claridad? ¿Se dio cuenta como es aborrecer a Dios? ¿Cómo y qué es la idolatría?

Los antepasados de las personas tienen muchísimos idólatras, muchas personas que adoraron imágenes, esculturas, a dioses ajenos al Señor, a animales, personas, u objetos. Dios es celoso y Fuerte, no lo dude.

Además, vemos que la maldad de los padres sobre los hijos es visitada y claramente hasta la tercera y cuarta generación.

> *Son los pecados propios, los que cometemos consciente o inconscientemente*

10.2. Segunda Puerta: Son los pecados propios.

Los que cometemos consciente o inconscientemente. Ello proviene de nuestra conducta.

Entonces, la única manera de cerrar ésta segunda puerta es a través de Cristo, quién ya nos liberó en la cruz del calvario, pero ahora tenemos que echar fuera a los demonios que ingresaron por esos pecados.

10.3. Tercera Puerta: Los traumas producto de accidentes emocionales o físicos.

En accidentes de vehículos entran muchos espíritus demoniacos de temor, de miedo, de muerte. Cualquier otro tipo de accidente; Un aborto, un acto de violación de hombre y/o mujer. En cualquiera de los dos casos entran demonios. Cuando se hace una historia de alguien y se descubre que la madre de ella o la abuela fueron violadas, lo más seguro es que hay demonios allí y esos demonios que entraron siguen haciendo daños al pasar de una generación a otra generación; Esos son los traumas físicos y los emocionales. Los accidentes y traumas emocionales son muy delicados. Los accidentes traen miedos, tristeza, llanto, pánico, terror, rencor, cólera, ira y otros. Esos son espíritus de maldad que entran en la persona y se quedan a gobernarlos. ¿Se dan cuenta? Por eso es importante la Liberación en el Nombre del Señor Jesús; Nuestro Rey y Señor.

Aunque los aspectos emocionales son diversos en toda nuestra vida, tenemos que tener presente que maltratar a una persona, golpearla, insultarla, ofenderla, engañarla, Etc., trae como consecuencia también demonios, que a través de los traumas se quedan en las personas, hermanos(as). El resultado de los traumas no se ven el mismo día, suele pasar un tiempo para manifestar lo que el demonio hace silenciosamente en la persona. ¿Comprende? Por eso, recuerde, trate bien a su prójimo, su familia, sus vecinos, sus amistades, aun a quienes fueran sus enemigos. Entonces, ¿Cuán necesaria es la Liberación en Cristo?

10.4. Cuarta Puerta: Las maldiciones enviadas por terceros.

La lengua tiene un poder grande. Dependiendo de lo que hablemos vienen bendiciones o maldiciones. Nos envían maldiciones cuando nos dicen por ejemplo te odio, eres un tonto. Y entra ahí el demonio de tonto. Eres un perezoso, no sirves para nada, nunca te vas a casar, eres una cualquiera. Todas esas palabras son maldiciones que las ejecutan los espíritus malos.

Hablemos un poco aquí sobre la brujería, **¿Las brujerías pueden entrar a un cristiano?** No le puede entrar ninguna clase de demonios, siempre que él creyente esté a cuentas con Dios. Pero si el cristiano peca, y le han enviado brujería, si pueden entrar los demonios que estaban dando vueltas alrededor esperando que el cristiano abriera la puerta para entrar.

¿Se acuerdan el demonio que salió de aquel Pastor? Los brujos se unieron, le hicieron brujería, le enviaron demonios. Ellos cuentan que no podían entrar y no podían entrar, pero hicieron que a través del pensamiento el Pastor buscara e investigara lo que es la mente, el control mental, sobre mensajes subliminales; Y así pudieron entrar. Gracias a Dios, él fue liberado. Entonces son cuatro puertas gigantes que hay. Por esas puertas entran los demonios.

> *Si usted no saca ese demonio que está allí pasará a sus hijos y nietos, todas esas cosas son una realidad hoy día.*

Bien, me voy a enfocar un poco en **las puertas generacionales**. Es una tremenda puerta que sin pensarlo ya uno nace con demonios, nace con una tendencia a actuar de determinadas maneras o formas que uno mismo se pregunta. ¿Por qué yo actúo así o por qué hago esto? Por ejemplo: Si usted y su Papá son alcohólicos o drogadictos lo más seguro es que hay una maldición generacional. Y les aseguro que aunque usted sea cristiano, no ha sido libre de ese demonio, si usted no lo saca, pasará a sus hijos y nietos. Todas esas cosas son una realidad hoy en día.

Yo tengo muchos casos como les dije y es verdad. De casi la mayoría de las personas que han sido libres, el 95% de personas estaban oprimidas con demonios por los pecados de sus antepasados.

10.4.1. Un testimonio de una señora de 70 años.

Esta es una mujer de Dios, entregada a las cosas de Dios la cual había tenido una vida muy complicada. Ella estaba viviendo sola después de haber tenido dos fracasos matrimoniales y además tenía dos hijas las cuales vivían separada de ella, lo curioso era que ningunas de estas personas querían saber nada de ella, las rechazaban. Entonces, cuando le hago liberación salieron los demonios hablando. Porque los demonios hablan. Uno de ellos confesó lo que pasó en la familia de ella. Era que su papá antes de casarse con la mamá tuvo otra mujer y tuvo hijos con ella, pero este hombre no se casó y tampoco reconoció a sus hijos y la dejó. Después, este hombre se casó y ahí tuvo sus hijos. ¿Qué pasó? Que aquella mujer que tuvo él, se fue donde una bruja (una mujer que sabe de ocultismo), eso hay en muchas partes. Le hizo brujería, una maldición de destrucción para él y su descendencia. Ese demonio entró cuando fue enviado allá. ¡Tremendo! Toda una vida destruida de esta mujer. Gracias a Dios, fue libre, fue libre. Pero entonces ya se había destruido toda esa cantidad de vida. Es toda una vida, 70 años.

La palabra de Dios dice: Si obedeces mi Palabra serás bendecido y todo lo que toques será de gran bendición, tu tierra será fértil. Todo es bendición, no hay ninguna clase de enfermedades, todo es bendición; pero también dice: Si no obedeces Mí Palabra, te maldeciré, no serás prosperado, trabajarás y otro tomará el fruto de tu trabajo, enfermedades raras vendrán a ti, enfermedades incurables, llagas. Todo eso dice. También menciona que alcanzará hasta la tercera y cuarta generación esa maldición.

Las maldiciones son una realidad total, y llegan, les pasa a las personas; hay gente que andan con ira, se ve mucho en los jóvenes pero es resultado que papá y/o mamá eran enojones, también son demonios que están allí.

Recuerde que Dios todo lo hizo perfecto, hay **homosexuales** que realmente son varones. Lo que pasa es que el demonio que está dentro de esa persona, lo hace inclinarse a esa preferencia de error. Cuando el demonio se saca de la persona, ella queda libre y queda normal. Yo he tenido los casos de dos hombres quienes eran homosexuales, ellos se sometieron a liberación y quedaron libres Gracias a Dios; Incluso uno de ellos ya se iba a casar. Entonces ¿Qué sucede? Hay homosexuales con demonios que vienen de los antepasados, vienen de papá, mamá o abuelos que fueron homosexuales; entonces la persona nace con ese problema, pero al sacar el demonio se acaba enseguida éste.

Hay actos donde a corta edad el hombre ha sido violado, entonces entra el demonio de violación y la persona se convierte en homosexual. El demonio que está allí hace que la persona se convierta en homosexual incluso muchos quieren salir de eso pero no pueden. Hombres de Dios que no pueden, muchos luchan con sus pensamientos, emociones, recuerdos y todas esas cosas, pero la clave es sacar el demonio, una vez echado fuera el demonio, se acaban en seguida esos pensamientos y perturbaciones.

Entonces, las **maldiciones generacionales** son tremendas hermanos(as). Sí la persona no ha recibido liberación, el demonio podría seguir allí. Por eso al espíritu malo hay que echarlo fuera en el Nombre de Jesús.

> *Es responsabilidad de los pastores, de los líderes de la iglesia de echar afuera esos demonios y sanar los enfermos.*

¡El acto de recibir a Jesucristo es tremendo! es una gran bendición, pero no implica que el demonio se vaya, tienes salvación y todo pero el demonio que está ahí no se va, es responsabilidad de los pastores, de los líderes de la iglesia de echar afuera esos demonios y de sanar a los enfermos, y eso es delicado. Y eso no lo están haciendo y es su responsabilidad. Sí, las maldiciones generacionales es una realidad palpable.

El consultar brujos es un pecado y una puerta abierta para los demonios; el acto da miedo. Es que si los demonios no han sido echados a fuera, siguen adentro, pero gracias a Dios que tenemos la autoridad en Cristo para hacerlos salir, esa es la ventaja de cada liberación. Lo que hizo Jesús en la Cruz del Calvario es ¡Tremendo!

10.5. Puertas Comunes.

10.5.1. Sobre los chistes y la burla.

Estos ejemplos nos darán claridad, vea: Sí una persona se cayó al piso, y usted se burló, hermanos(as) usted cometió un pecado ahí.

Una pregunta: ¿Y por qué no reírse si causa risa? Porque no hay que hacer las cosas del viejo hombre. Tengan cuidado no se rían, ayude a ponerse de pie a esa persona, hay que tener mucho cuidado. Cuando uno viene a Cristo es totalmente transformado.

> *Por eso es que entre más rápido conozcamos las cosas de Dios evitamos todas estas situaciones.*

Por eso es que entre más rápido conozcamos las cosas de Dios evitamos todas estas situaciones. Ese hombre que se cayó ahí, incluso sino conoce a Cristo Jesús, tenemos que tener presente que Cristo también pagó un precio por él y de Sangre, y lo ama, Cristo lo ama, y ese hombre sino conoce a Cristo se va para el infierno, peor, sufre más. Entonces, ustedes por eso hermanos(as) no se rían.

Un ejemplo. Usted tiene un hijo y éste se cae, ¿Usted qué hace? Corre enseguida ¿Sí o no? Y sí alguien se ríe de su hijo que se cayó. ¿Usted qué haría con ése hombre que se ríe? ¿Lo aplaude y lo felicita porque se rio de su hijo? ¡No!. Ahora, nosotros que somos pecadores defendemos nuestros hijos; cuanto más nuestro Señor Quién es Santo y Puro. Es necesario tener cuidado con esas cosas, el simple hecho de burla abre puertas hermanos(as).

Veamos ahora, sí un borracho se cae y usted se ríe, el simple hecho de reírse es un gran problema hermanos(as). Ay hermanos, no se rían. Sí el borracho muere, el demonio reclama el derecho de seguirlo por haberse burlado. Las cosas con Dios son en serio, Él es Santo.

Ahora, los ejemplos que hemos visto, yo lo he descubierto con los demonios. Les preguntaba ¿Demonio por qué estás ahí? A lo que ellos contestaban: Porque ésta mujer se ría del borracho. Éste se murió y yo la seguí a ella. Aquí estoy desde ése momento.

Las cosas de Dios son bien serias, recuerde, Dios con mano poderosa sacó a su Pueblo de Egipto, con señales y prodigios, y aun así el pueblo de Dios se puso rebelde, y les dijo: No van a entrar, ninguno de ustedes van a entrar a la tierra prometida, solamente van a entrar de 20 años para abajo, los jóvenes. Todos ustedes van a morir en el desierto, Sí uno es de Dios hay que tener un temor reverente ante Él, porque Él es Santo.

Usted dice, Señor perdóname en el nombre de Jesús. Y Usted sigue haciendo lo mismo. No, no. Él es Santo.

¿Por qué en las casas hay pleitos, la plata no alcanza, los negocios no prosperan? hermanos(as) son ellos, los demonios, por las puertas que se les abren tranquilamente.

10.5.2. La ignorancia.

¿Sabe lo que es *violar los derechos territoriales*? Dónde usted se pone a atar, por ejemplo: voy a atar al principado de Minnesota, voy a atarlos en el Nombre de Jesús, voy a subir a los cerros, vamos a hacer guerra contra ellos. Hermanos(as) usted está haciendo algo que no le corresponde, que ya la ley divina de parte de Dios está establecido aquí. Hay cosas que usted puede hacer y debe hacer, y otras que no puede hacer y debe hacer. Cosas que sí y otras que no.

A Satanás ¿Quién lo va a destruir? Usted no. Jesús es quién lo hará dice en el libro de Apocalipsis, la Palabra de Dios. Nosotros tenemos que lidiar con lo que está aquí, no con lo que está allá. Sabemos que los demonios, principados, operan organizados en este barrio o en otro, pero ¿Cuál es el problema? Es el pecado. Los demonios son consecuencias, son frutos. El problema es el pecado.

Tenemos que dejar el pecado, y para eso murió Jesús en la Cruz del Calvario. Para que a través de Jesús el pecado sea quitado. Lo que yo antes hacía, era mujeriego, yo ya no lo hago. Yo no podía dejar de mujerear, no podía, ése pecado estaba en mí, no podía, tenía que haber un poder sobrenatural, y Jesús me lo quitó.

Aquí puedo estar tranquilo en este estado, ya mi esposa puede estar tranquila, quede liberado, se me quitó el pecado de mujerear. Él es quien quita el pecado del mundo, Jesucristo. ¡Aleluya! gracias a Jesús. A Él hay que amarlo hermanos (as).

> *¿No? No hermana, eso no funciona así; eso no queda atado. Así fuera fácil.*

Entonces, derechos territoriales, No.

Una hermana que conocí en un pueblo me dijo que estaban atando al principado del pueblo. Y cuando le pregunté sobre ¿Cómo los atan? Me respondió, nosotros en la iglesia nos levantamos temprano a las 5 de la mañana a orar. ¿Y qué es lo que oran ustedes? Y me mostró un listado y al verlo le dije: hermana eso no funciona así.

Digamos que una sola persona que lo haga, ata el principado, lo ató para siempre, entonces ya no habría más que hacerlo ¿No? No hermana, eso no funciona así; eso no queda atado. Así fuera fácil. Entonces, a esta persona le expliqué qué Dios no nos manda en ese tipo de peleas espirituales, que son indebidas. Las peleas que nosotros ganamos son las que Dios nos manda a pelear, esas peleas no son de nosotros, cometemos un error al ir a peleas que Dios no nos ha mandado, perdemos ésa pelea, Él nos protege en su gran misericordia y todo eso, pero esas peleas espirituales no son nuestras. Entonces me dice la hermana con razón, ahora entiendo porque me accidenté en la moto y el palo de escoba de la casa se me quiebra. Claro era que ella estuvo haciendo algo indebido, no estuvo en pecado, ni nada por el estilo, pero estaba haciendo algo que no le tocaba a ella.

Sabemos que el reino de las tinieblas está organizado, como lo dice el libro de Efesios 6. Por ejemplo, no podemos meternos en lugares altos si todavía el lugar más pequeño no lo hemos conquistado. A mí el Señor me liberó de muchas maldiciones de mis antepasados. Ahora es necesario gobernar primero nuestra casa y cuando pasemos ese nivel, si Dios lo permite, y nos lleva a otro nivel más alto, Él no va a exponernos a pasar cosas que no podamos. Él no nos va a dar cargas que no podamos llevar.

Me dicen: Usted nos explica que hay áreas donde no podemos entrar, por ejemplo atar principados, potestades, gobernadores, cuando los demonios de menos rango no los hemos expulsado.

Contesto: Ahora bien, a esos demonios no hay que hacerles nada, usted con ellos no se meta, porque no está establecido en la Palabra de Dios. Los ángeles se encargan allá, pero usted puede pedir, Señor, intercede por ésa Ciudad, ata los enemigos y principados, que el Señor lo haga. No se compliquen la vida. Ustedes intercedan por éste barrio, Señor, ayúdanos. El Señor lo hace, somos sus hijos, en Su misericordia lo hace, en su tiempo lo hace. Pero usted no lo haga. Nosotros si podemos hacerlo directamente acá sobre nosotros, es nuestro derecho hacerlo y hay que hacerlo.

Pero no en los territoriales, porque te entran, te atacan la vida y te pueden afectar. Lo atormentan por todos lados, con los vecinos, con el jefe de trabajo, las amistades, Etc.

Hay que tener cobertura espiritual para que oren por usted. Antes de venir aquí, la Iglesia oró y me envió para acá. Yo no viajo sin pedir oración, no, si lo hago es posible que yo tenga un demonio de soberbia ahí. En esto la humildad es la clave. Ustedes Hermanos(as) hablen con el Pastor o la iglesia para que ore y los envíe a hacer la misión. En mi iglesia les digo a mis hermanos que oren por mí porque voy a viajar, y oran, y luego viajo pero con la bendición de mis hermanos.

> *Ataquen esas cuatro partes: Pecados Generacionales, Propios, Brujerías, y Traumas, accidentes físicos y emocionales.*

Igual ustedes por favor oren por mí siempre, necesito oración.

Bien, entonces ya sabemos de las cuatro puertas principales, casi siempre vienen demonios por esos lados. **Es bueno e importantísimo conocerlos**, porque cuando ustedes se vayan a hacer auto-liberación o liberación, ataquen esas cuatro partes: Pecados Generacionales, Propios, Brujerías, y Traumas (accidentes físicos y emocionales).

Ahora no voy a tocar mucho los **pecados propios**, porque son casi igual que los pecados de antepasados. Bien hay unos **pactos demoníacos, pactos de sangre demoníacos.** Se hacen dedicaciones. Usted puede no saberlo, pero el abuelo, el papá, pueden haber practicado brujería, satanismo, y es posible que lo hayan pactado o dedicado a Satanás.

Usted pertenece a Jesucristo ahora, pero el demonio está en usted, de aquel que enviaron cuando hicieron un pacto de sangre. Los pactos de sangre los hacen de animales o humanos. Sacrifican humanos, sacan la sangre y hacen pactos y le dedican a usted. Se ve mucho de eso.

Escuchen **este testimonio sobre pactos demoniacos**, cuando empecé el ministerio, el primer caso que encontré en campaña fue del cantante de la Iglesia y líder de alabanza. Le dije que dejara de tocar y que se pusiera adelante, junto a los otros, para ministrarle también a él, porque a todos los ministros cuando hago liberación masiva también los incluyo. ¿Por qué es un Pastor no creerá que no tiene demonios? Olvídense. Los demonios los enfocan más porque están a la cabeza; entonces se sentó, menos mal fue obediente (hay algunos que no lo son, conocí a un Pastor que se sentó un momento, se paró y se fue), éste si fue obediente, el demonio que tenía él era un demonio pactado, que decía haberse pactado entre los 5 y 7 años de edad por el abuelo. Y le dije al demonio ¿Y cumpliste? Si, dijo, yo cumplí, éste es mío y todo lo que tiene es mío, y no me voy porque es mío. Y yo me decía ¿Cómo rompo un pacto de sangre? Ya iba a renunciar, entonces le dije, demonio vete para atrás que voy a hablar con Pedro (nombre cambiado), quiero hablar con Pedro. Yo pedía a las personas alrededor información sobre Pedro y ninguno sabía nada, ni el Pastor sabía mucho de él. Entonces volvía a decir al demonio que se fuera para atrás, que iba a hablar con Pedro, el demonio no obedecía, no dejaba que Pedro apareciera, por momentos aparecía y decía. "Ayúdame, ayúdame", y otra vez el demonio estaba al frente. Y yo me decía: Ay Dios mío el demonio no va a salir, voy a parar esto aquí para terminar mañana. ¡Pero no aparecía Pedro! Y el demonio alzado ahí.

Entonces, Dios me reveló "El pacto de Sangre de Jesús", uno lo ve sencillamente pero el pacto de Sangre de Jesús tiene una trascendencia tremenda y poderosa.

Cuando uno lee en las escrituras donde Jesús dice: *"Porque esta mi Sangre del nuevo pacto, que por muchos es derramada para remisión de los pecados"*, lo lee tranquilamente, pero eso es ¡Tremendo!, ¡Poderoso!

En el tira y jale con el demonio, dure como hora y media, siendo ya la una de la mañana, el servicio fue larguísimo. Yo preocupado, el demonio seguía diciendo: Y no me voy, es mío. Y le recordé el pacto de Sangre de Jesús", y el demonio que era violento, bien alzado, enseguida agachó la cabeza y se fue, ni cuenta me di cuando se fue el demonio. Pedro quedó libre Gloria a Dios. Claro, esto ocurrió cuando recién inicie el ministerio. Pero Tremendo es el Pacto de Sangre de Jesús. Entonces, Pedro luego me decía, ahora entiendo porque yo actuaba como actúo, porque yo hacía cosas que no quería hacer. Entonces, hay pactos de sangre que a la gente le han hecho. Escúcheme bien, si usted tiene un familiar que fue o es Satanista, hermanos(as) escúcheme bien, lo más seguro que usted también ha sido pactado, porque ellos dedican a su familia a Satanás.

10.5.3. El Afán.

> *Pero el pacto de Sangre de Jesús tiene una trascendencia tremenda y poderosa.*

Es otro pecado también que la gente no le presta atención. Hermano(as), lo que diga la Palabra de Dios, eso es, y punto. No solamente se tiene que obedecer los diez Mandamientos, sino que hay cosas que el Señor dice que no, y es no. Por ejemplo: El Señor dice, "No os afanéis..." Si tú te afanas no lo estás obedeciendo, estas pecando, y al pecar te entra el demonio de afán. Sencillo, hay gente que anda afanada por aquí y por allá, incluso hasta Pastores por hacer la obra de Dios andan afanados. No, no, no, tranquilos, tranquilos.

Porque dice el Señor: No os afanéis, y si te afanas es desobedecer la Palabra. Y ése demonio lo he encontrado y se lo encontré a un Co-Pastor por andar de aquí para allá.

10.5.4. El yugo desigual.

¿Sabes lo que es el yugo desigual? El Señor dijo: "No os juntéis con yugo desigual". Lo ve, es peligroso y eso implica en matrimonios algo tremendo, sí usted es cristiano y se casa con un no cristiano, ahí está violando y dejando entrar demonios. Igual también en andar, en hacer negocios. El yugo desigual es en todo, porque dice el Señor: "No puede andar la oscuridad con la luz". ¿Entiende? Hay diferencia, no puede Satanás o el reino de las tinieblas unirse con el reino de la Luz. Usted no puede andar de amistad de arriba para abajo, siendo usted cristiano con una persona inconversa, porque esa persona espiritualmente le pertenece al reino de las tinieblas y usted le pertenece al reino de la luz. Los demonios que están ahí, como usted está cometiendo un error, un pecado, te pasan para acá.

Yo he encontrado demonios, en el que la mujer no era lesbiana pero tenía un demonio de lesbianismo ahí adentro. La mujer me contó que cuando ella era niña andaba de amistad con un homosexual. Hermano(a) los demonios pasaron a esa niña, y debido a ello, cuando adulta tenía pensamientos de buscar a una mujer. Le preguntaba, ¿Tú eres lesbiana? No, decía, pero tengo esos pensamientos de lesbianismo. Entonces, los demonios pasan.

Yugo desigual, nada que ver, en negocios, en todo y en matrimonios pues peor. Y se dice, yo me caso y la voy a convertir, o lo voy a convertir a cristiano. No.

Tengo muchos casos como el de una mujer, Hace 20 años atrás ella empezó a ir a la Iglesia, ella estaba recién convertida a Cristo, y un hombre empezó a asistir también al servicio en la Iglesia, así pasaron ni seis meses que enamoró a la mujer y la sacó de la Iglesia.

¿Qué pasó ahí? ¿Todo eso quién lo planeó? El demonio que me estaba contando a mí la historia (en la Liberación posterior), el mismo que estaba ahí dentro, me estaba contando a mí todo el proceso (ahí está el video). Le envió a la mujer un hombre del cual el demonio decía es mío, ese hombre hasta cantaba en la iglesia como cualquier realmente cristiano y le puso el demonio un amor falso a la mujer (dice el demonio). Ella decía que lo iba a convertir a cristiano, y yo digo (dijo el demonio) ¿Quién va a convertir a quién? Dijo el demonio ¿Quién va a convertir a quién? 20 años la sacó del cristianismo. La mujer con una vida desastrosa, no había ido nunca más a la Iglesia, el hombre drogadicto fumando marihuana delante de ella, llegaba borracho todos los días, no tenían una vida común, tenían hijos que dormían cada uno en su cuarto, el hombre en su cuarto y ella como una cualquiera en la sala tirada en un sofá, ahí, una hija de Dios con una vida desastrosa que, gracias a Dios ahora está yendo nuevamente a la Iglesia. Hermanos(as) hay que tener mucho cuidado. Cuando el Señor dice no, es no.

10.5.5. Los pecados que cometimos en el pasado.

Claro, ahora no los está cometiendo, pero los cometió en el pasado. ¿Entiende? Y sí lo hizo en el pasado, hermano(a), ahí encontró el demonio una puerta, y ahora mismo me está escuchando, ahí está el demonio.

10.5.6. La brujería.

Cuando usted va a un Brujo, no piense que es aquel que tiene una cola, un sombrero de brujo, no, no, no. Hoy en día no hay tanta necesidad de disfrazar el asunto; hoy está de frente, basta que usted pregunte a alguien sobre quien sabe hacer estos "trabajitos".

> *Los cometió en el pasado. ¿Entiende? Y sí lo hizo en el pasado, hermano, ahí encontró el demonio una puerta*

Todo esto a usted le afecta, y recuerden que no sólo a usted, sino a toda su descendencia, ya que le ponen demonios alrededor de usted por el pecado. Mire cómo trabajan ellos; le ponen demonios en usted, a su esposa, a los hijos, familiares, a los vecinos para que a usted le atormenten la vida. Hasta en el trabajo le colocan demonios para atormentarlo y como la mayoría de la gente son del mundo, pues, peor, para que lo atormenten. Por eso hasta el jefe de usted le pone mala cara para destruirlo a usted, es así como trabajan.

Entonces, cuando usted va a un brujo de esos, ¡Ay! Hermano(a), usted ya pecó contra el Señor, hay que arrepentirse ante el Señor para que esa brujería se pueda ir. Esas que se hacen para los negocios y demás con la lectura de las manos. Mi hermana, aquí presente, le entró demonio por lectura de manos, tanto que le dañaron la mano, la operaron y aun así siguen los problemas. Pregunto, ¿Hermana cómo sigue la mano? Responde la hermana: Bien. Tantos años en problemas, aunque el seguro pago como 7 mil dólares, porque para usted también fue incómodo y fue un simple pecado que cometió. Son cosas que le suceden a uno. Ustedes se están dando cuenta de ¿Por qué hubo oposición en que yo llegara acá? ¿En qué ustedes llegaran acá? ¿Se han dado cuenta? Es que el Diablo no quería que ustedes supieran éstas cosas. Porque el conocimiento es importante. Porque "conoceréis las verdad y os hará libres". Y ustedes están siendo libres en este momento.

Les daré un ejemplo de brujería: Me llamó una hermana de la iglesia diciendo que creía que su hijo de diez años estaba embrujado, porque todo lo hacía con las dos manos juntas, el bombillo o foco, caminaba brincando, ella sentía que estaba atado, me pidió ayuda para liberarlo. Yo le pregunté: ¿Qué crees tú que haya pasado? Ella dijo que recordaba que su hijo peleó con otro niñito de la escuela, que es oriental (Vietnamita o no recuerdo), pero sentía que algo le hicieron, entonces lo llevaron a la iglesia, y en liberación el demonio se manifestó, lo habían atado, le habían hecho brujería, se fue el demonio y se acabó el problema, el niño quedó normal.

Hay muchas puertas que son pecados que se están cometiendo, ejemplo: **Pornografías, fornicación, robos, mentiras, engaños, celos, trampas, pleitos, pensamientos negativos, malas palabras**, todas esas cosas son pecados, son puertas.

> **Participante** - Pastor.
> **R.M.**- Sí, dígame.
>
> **Participante** - Sí yo tengo amigos homosexuales y quiero predicarles la palabra, pero como los conozco y me reúno con ellos, el problema es que me junte también para ir a disfrutar ¿Verdad?
>
> **R.M.**- Sí, que usted vaya y predique la Palabra hay que hacerlo, pero que te pongas tú de amistad y vayas con ellos de arriba y abajo, no, nada. Porque ahí está el problema. De predicarles si, hay que hablarles de Cristo, pero tampoco se ponga a echar demonios de un inconverso.

Algo importante, no se pongan a echar demonios de un inconverso. ¿Entienden? Ahora que ustedes saben un poco de Liberación. No lo hagan diciendo: Demonio deja esta criatura de Dios. No, no lo haga. Primero la persona tiene que ser de Cristo. Sí lo haces, te puede causar un problema, el demonio te persigue, espera la oportunidad y te ataca.

Participante.- O sea primero viene la aceptación verdadera de Cristo.

R.M.- Que sea de Cristo, que vaya a la Iglesia y se congregue. Después de eso, sí puede ser libre, o si no es así, tendrían problemas ustedes.

Participante.- Entonces, sí la persona no reconoce a Jesucristo como su salvador.
R.M.- No. En su corazón, sí.

Participante. Lo que se debe hacer es orar a Dios por él.
R.M.- Ore por él. Señor, ten misericordia de ésta persona para que te conozca. Gracias por la pregunta.

Durante el embarazo también pueden entran los demonios. Mucho cuidado en el caso de los esposos que pelean en casa, el niño que está ahí es un ser humano, está vivo, ellos todo lo perciben, lo oyen, y los demonios también pueden entrar al niño. Mucho cuidado. Pónganle canciones, alabanzas, cosas así. Tengan mucho cuidado.

Algo importante, no se pongan a echar demonios de un inconverso

Entonces durante el embarazo entran muchos demonios. Hay veces en que la persona quedó embarazada porque mamá y papá estaba en la discoteca borrachos por ejemplo y quedó embarazada. Eso es un embarazo no deseado, entonces entran los demonios de rechazo, culpa, desamor, Etc.

Entonces eso es delicado ¿Se dan cuenta? Es delicado. ¿Fue concebido en amor o fue un acto de lujuria? O simplemente fue que les gustó hacer el amor, algo así.

Hay que tener mucho cuidado con eso porque entran entes espirituales sobre los niños, como desamor y otros como lo dije antes. Por eso es que hay niños con baja autoestima, rebeldes y más. Entonces es porque desde el principio entraron entes espirituales por peleas, desacuerdos, etc.

Hay mujeres que no quieren quedar embarazadas y se embarazan, entonces el marido se da cuenta del esto y la deja, luego ella le echa la culpa al bebé, lo hace culpable por el marido que se fue, produciendo en la criatura rechazo.

Por eso, cuando una mujer está embarazada, debe cuidar los bebés y darles amor, ponerles alabanzas y todas las cosas buenas que ellos pueda escuchar. Si no los cuidan pueden dañar toda su existencia.

Muchos de nosotros fuimos concebidos de diferentes maneras, tendríamos que preguntarles a nuestras madres ¿Cómo me concebiste y nací? En mi caso, mi papá estaba casado con otra mujer, imagínese como fui yo concebido, todos los demonios que mi papá tenia se pasaron también a mí, de fornicación y adulterio. Son generacionales, pasaron a mí y tuve que sacarlos todos esos demonios en el Nombre del Señor Jesús.

> *Las maldiciones fueron quitadas, todo fue quitado, pero ellos se quedan ahí. Ahora es nuestro trabajo sacarlos de ahí dentro.*

Por eso, Jesús se hizo maldición. Está escrito "Maldito todo aquel que fuera colgado en un madero" Él llevó todas las maldiciones de la gente, también iniquidades que son los pecados más grandes y también todos los pecados y todas las enfermedades en la cruz por amor a nosotros, para que seamos libres.

Cuando usted acepta a Jesucristo, automáticamente usted queda libre de todo eso, porque el pagó, porque usted pertenece a Jesús. Es como si usted se hubiera puesto en la cruz; y de hecho la Palabra dice "Con Cristo estoy juntamente crucificado, y ya no vivo yo, más vive Cristo en mí", entonces todo queda en la cruz. ¿Entiende? Entonces, ya no hay necesidad de romper maldición porque ya Jesús la rompió. Los pecados que usted cometió antes ya Jesús lo llevó. Pero ahora los pecados que cometemos, queramos o no queramos pecamos porque estamos en el mundo, nos podemos equivocar, en algo que usted no lo quería cometer, debemos confesarlo inmediatamente, Señor te confieso el pecado de enojo y te pido perdón, me equivoque; el Señor te perdona y esas maldiciones se anulan enseguida, pero el demonio no se va. ¿Entiende? Ese demonio de maldición no se va, hay que echarlo.

Veamos un ejemplo en la Pastora aquí presente, es Pastora, perdonada y todo, pero todavía hay un demonio generacional ahí si no los han sacado.

Otro ejemplo: en los videos que les mostré, la señora de Canadá, una hija de Dios, pero estaba el demonio ahí. Las maldiciones fueron quitadas, todo fue quitado, pero ellos se quedan en ese lugar. Ahora es nuestro trabajo sacarlos de ahí dentro.

Por eso es importante ser de Jesucristo, porque si la persona no lo es, siguen las maldiciones tranquilamente ahí y siguen los demonios, y usted no puede sacarlos porque no es de Jesucristo, si fuera de Él, calificaría a ser liberada, porque Jesús quitó la maldición. Esa es la buena noticia, por eso abracen a Jesús, Abracen a Jesucristo, Hermanos(as). ¡Aleluya!

Pero recuerde, eso es por fe, tiene que creerlo, vivirlo y actuar de acuerdo a eso. Cuando tiene fe, usted, actúa, se mueve. Yo tengo fe, yo actúo, me muevo, soy salvo.

Sí tengo un demonio, le ordeno te vas en nombre de Jesús. Usted no va a decir: demonio ya el Señor quitó el pecado, quito la maldición, y nada más, no. Usted tiene que tomar acción: demonio te me vas en el nombre de Jesús y te vas porque Jesús ya pagó por mí, él sufrió para que yo no sufriera. Ellos saben y dirán: ¡Ah! éste(a) creyente tiene fe, me voy dice y se va enseguida. ¡Aleluya, Aleluya, Aleluya!

En este ministerio yo no encuentro ese problema de querer saber ¿Qué pecado cometió mi padre o los antepasados para que este

> *Usted no va a decir: demonio ya el Señor quitó el pecado, quitó la maldición, y nada más, no.*
>
> *¡USTED TIENE QUE TOMAR ACCIÓN!*

demonio se vaya? Dios mío ¿Cómo voy a ser yo para saber? Bueno al menos ese demonio dijo que el papá hizo tal cosa, pero ¿Qué tal si son otros pecados? ¿Cómo se yo? No hay necesidad, no hay necesidad de romperse la cabeza, porque Jesús lo hizo todo. ¡Aleluya! Jesús lo hizo todo en la Cruz del Calvario. ¡Aleluya! ¡Claro, por supuesto! si usted sabe que pecados cometieron es mucho más fácil la liberación, es por eso que es necesario de que llenen el Formulario de Liberación.

Por eso hay gente que dice: Yo ya no puedo tener demonios porque Jesús ya pagó en la Cruz del Calvario. Sí, tienen razón, y es verdad, pero tienes que actuar, tú tienes que sacar el demonio que está en ti. Porque así dicen los Pastores: No, tú no puedes tener demonios ni maldiciones porque ya Jesús lo llevó todo en la cruz, y es verdad, y ahora… ¿Qué? ¡SACA EL DEMONIO QUE TIENES AHÍ! O ven, en el nombre de Jesús lo sacó yo, demonio en el Nombre de Jesús sal de ahí, y se va enseguida. Pero si no lo hacen, o peor, impiden que alguien lo haga, o impiden que esa hija de Dios sea libre de un demonio por otro siervo u otro miembro del Cuerpo de Cristo, ya que somos un solo Cuerpo.

10.5.7. Las Novelas.

¿Alguien ve novelas aún? ¿Vio novelas en el pasado? ¿Se acuerdan que novela fue? ¿Y cómo se llamaba el actor principal? Bueno, lo más seguro es que hay un demonio con ese nombre ahí. ¿Alguien vio Batman? ¿En el pasado? ¿Vieron el principal actor de Batman? ¿Hay un tal Chaky? Es un demonio, ya lo hemos encontrado, lo hemos encontrado. Hermano(a). ¿Alguien vio la novela la piel de Sapa? El demonio se llama Sapote.

> *Ustedes también van hacer libres, sus familiares, amigos y los demás en sus iglesias*

Usted ahora no ve novelas, pero en el pasado las vio (Ojo, no soy legalista) Cómo fue pecado, Estaba pecando, y pecó Entonces los demonios entraron. Pues hay que sacarlos, una novela trae muchas cosas, tiene pornografía, infidelidad, peleas, chismes, sino no es novela, porque eso es lo que le gusta al mundo. Casi todos vimos novelas. Por eso, si las vio hay que sacar los demonios. La ventaja: Que somos de Cristo y podemos ser libres ¡Aleluya!

Así que ustedes están aprendiendo cosas para ser libres; Así que ustedes también van hacer libres, sus familiares, amigos y los demás en sus iglesias. Claro que les va a ser difícil, porque no les creerán, y les dirán legalistas, estás loco. En la Iglesia de usted, ¡Disciplina! porque usted es rebelde por haber ido a otro lado a orar. Tremendo hermanos(as).

> *No se pongan rabiosos, tranquilos, ¿Está bien? Más bien póngase a orar; Señor yo los perdono.*

Como cuando Jesús sacaba los demonios en las Sinagogas, Qué decían los líderes religiosos. ¡No vengan aquí los sábados a ser sanados, porque está prohibido! Hagan eso otro día. Oiga, alégrate porque hay una sierva que tenía 18 años encorvada y fue libre. ¡Oigan alégrense! No, rabiosos. Tremendo. No esperen que les den un premio, no.

Cuando empecé éste ministerio yo sabía que iba a encontrar oposición. Cuando yo comentaba a un hermano cristiano que una persona estaba enferma años en la cama que no podía levantarse y ore en el nombre de Jesús, y al momento se paró y caminó. Y ésta persona dijo indiferente: Ah sí. Le dije: ¡Oye no te vas a alegrar! ¡Oigan, envidia, celos se levantan! Hermanos.

Tenemos un ejemplo que es Jesucristo, y a Jesús también le hicieron lo mismo. Hermanos, hasta lo mataron por eso, por envidia. Hasta Pilatos sabía eso, que era por envidia. Así que, no se pongan rabiosos, tranquilos, ¿Está bien? Más bien póngase a orar; Señor yo los perdono, los perdono, porque incomoda. ¿Está bien?

Ustedes van a sus iglesias y dicen: Le cuento que llegó un hermano de Seattle, Washington y nos enseñó cosas así, y yo feliz y sana, y ¡Quedé libre Pastor!

- ¿Así? ¿Por qué fuiste? ¿Con que permiso tú fuiste allá? Ah, tremendo Dios mío ¡ampárame Dios mío!

10.5.8. Las películas de terror, de miedo, de guerra.

¡Ay Dios mío! ¿Quién vio aquí películas de guerra? Ay Dios mío. Todos hemos visto películas de guerra, Hermano, yo aquí renuncie a películas de Kaliman el hombre increíble; Solín mucha paciencia; Mandrake; ¿Quién vio Mandrake? Tira cómica Mandrake el mago. Muchas películas que se vieron. Por ejemplo: Las **películas** como Batman, Supermán, Etc.

10.5.9. Juegos en las escuelas.

Ejemplo el del lápiz, ése demonio lo encontré. Son dos lápices. Ése juego se jugaba en una escuela, y el hermano de la persona que Jesús liberó, no jugaba pero vio, y también tenía el demonio.

10.5.10. La Tabla Ouija.

¡Bien conocida! Es demoniaca. Es estar haciendo preguntas a los demonios sobre el futuro, presente o pasado.

En Colombia había un **juego con un vaso y un anillo** suspendido, que se hacían preguntas diciendo ¿Con quién me casaré? ¿No me casaré? El anillo se movía como péndulo en diferentes sentidos respondiendo sí y no. Todo eso son magias, puertas que uno hizo, o los padres lo hicieron.

- **Participante.-** Hermano, a la edad de 8 años vivíamos con muchos primos y llegó una muchacha roquera y vivió con nosotros en la casa, y ella hizo mucho la Ouija pero en papel, yo no participé pero sí estaba ahí mirando.
- **R.M.-** Hay un demonio de Ouija ahí. Usted aunque no participó, usted estaba ahí. Por eso es delicado, lo que nosotros permitimos es pecado, por eso hay que alejar eso, porque es pecado. Usted al quedarse ahí está permitiendo eso.

- **Participante.-** ¿Eso es pecado por terceros?

- **R.M.-** No, eso es pecado propio.
- **Participante.-** ¿Y qué pasa con la gente que en el pasado jugó en el casino?

Todos eso son cosas demoníacas. Todas esas cosas, juegos de azar son demoníacas, demonios de adivinación todas esas cosas hay que sacarlas, en el nombre de Jesucristo.

Entonces, la lista es grande

Haber ¿Tienen hijos? ¿Quiénes son casados aquí? Les voy a explicar algo aquí. **Los padres son responsables de su casa**, y sí la mujer está sola, ella es responsable de su casa, porque es la autoridad espiritual. También eso implica tener responsabilidad. Todo lo que pasa en su casa es su responsabilidad ante Dios. Si tiene un hijo o alguien grande y vive en su casa, y esa persona ve pornografía en su cuarto, él está pecando y también usted está pecando, usted ante Dios es igual responsable.

Sí ese hijo tiene en computador para acceder a internet y hace cosas indebidas ahí, usted es responsable, aunque sea mayor de edad si está en su casa. Porque su casa tienen que respetarla, porque su casa tiene que ser santa, porque usted es santo. Nada de pecado en su casa, usted es responsable, aunque él esté pagando ahí. Sino lleva su casa maldición, Entonces es cosa delicada, es pecado. Usted puede orar, pero usted tiene que arreglar su casa, todas las cosas de la casa y luego sacar ese demonio.

Pasa mucho con sus hijos, sí ellos son rebeldes, usted tiene que saber todo lo que pasa en su casa. Si usted es el jefe, pues como jefe sabe todo lo que pasa en su casa y tiene todo el control de la misma, si usted no tiene el control de su casa ahí está el problema, no hay mayordomía; y lo más seguro es que hagan cosas indebidas en su casa. Esto está pasando muy comúnmente en el pueblo cristiano, que el hijo(a) está metiendo a la amiga(o), o su novia(o) a su cuarto y usted lo permite.

Hermana(o) tenga temor, Él es Santo. Dice Él: ***"Sean Santos porque Yo soy Santo"***. Nosotros somos pueblo escogido, real sacerdocio. Es delicado, el asunto es delicado. Entonces debemos actuar para que venga la bendición, a veces nos quejamos ¿Por qué me va así? Nosotros debemos buscar la causa, la causa es el pecado.

> *Usted es la autoridad. Tiene que tener control de todo lo que pasa en su casa*

Participante.- ¿Qué se puede hacer hermano, si uno de los hijos o familiares tiene su propio clave de internet? ¿Tienen derecho de tener sus cosas ahí?

- **R.M.**- Usted es el jefe de su casa, usted es la autoridad. Tiene que tener control de todo lo que pasa en su casa. No tiene nada que usted desconozca. Es más, sí su hijo menor hace algo indebido ahí y lo coge la policía ¿Quién va a ir preso? Papá. Entonces, si en lo secular es así, imagínese en lo espiritual.

- **Participante**.- ¿De qué edad, hermano?
- **R.M.**- Cualquier edad. Usted está en su casa, usted es el responsable. Digamos que tiene en casa a un hombre de 50 años por ejemplo y él mata a alguien. ¿Qué le pasa a usted? Primero lo investigan, segundo, que es posible que si usted

conocía algo de su tendencia de asesinar se hace cómplice. Ahora, sí en lo secular es así, imagínese en lo espiritual, sí Él es Santo. Tengan su casa en control y santidad, sea un hogar de Dios, sea algo santo, sea el templo de Dios, la Iglesia de Dios que sea ahí, ¿Entiende? La iglesia real, que se cumpla. Tenga el control de todas las cosas ¿Por qué? Porque nos conviene. Porque viene la bendición de Dios.

Entonces, el reino de Dios es para aquellos que lo arrebatan. Tenemos que tener autoridad, y ser la autoridad, y cuando vemos que no quieren obedecerlo, tome el control. Y sí se les resisten u objeten. Usted falló ahí. Usted tiene que hablar con su hijo y decirle. Hijo, porque te amo tomo el control de esto o lo otro, y si se resiste se lo quita. Actué, actué.

> *El reino de Dios es para aquellos que lo arrebatan. Tenemos que tener autoridad, y ser la autoridad*

Yo a mi hijo lo amo, pero cuando lo llevo en el carro a veces quiere hablar cosas que va en contra de las cosas del Señor, le digo: Hijo, acá en mi carro usted no va hablar cosas contrarias a mi Señor Jesucristo. Te lo prohíbo. En mi carro tienes que respetar, yo a mi Señor lo amo, y no me vas a ofender ni a mí, ni a mí esposa, ni a la esposa de Cristo ni a mi música cristiana. Entonces, es igual en mi casa, En mi casa no vas a ver a mi hijo jugando Nintendo, ni jugando Pókemon, ahí no se ve nada de esas cosas, ni si es mandado por la escuela, porque en la escuela les es mandado leer de Harry Potter. Y se lo prohibí. Me mandaron a llamar en la escuela, y yo fui a hablar.

Mi casa no la va a demonizar, por el pecado no, porque Dios se aparta y entran los demonios y están ahí campantes los demonios en tu casa, en tu vida, en tu matrimonio, en tus familiares, Y están por un simple pecado, por no tomar las cosas de Dios en serio, Sí Dios dice no, es no. Cueste lo que cueste.

Entonces, es un tema delicado, hay que tener mucho cuidado; pero cuide la casa. ¿De acuerdo? Cuidarse de andar con gente peleonera, hay que cuidar nuestro testimonio.

- **Participante.-** Hermano una pregunta Nosotros antes de conocer a Dios comprábamos lotería ¿Eso es malo o no es malo?

- **R.M.-** Juegos de azar. Yo también jugué muchas de esas cosas. Nosotros ponemos la confianza en Dios ya, Él es el dueño de la plata y el oro. Nosotros confiamos en Él.

- **R.M.-** Está escrito en su Palabra, *"Considerad los lirios del campo, cómo crecen: no trabajan ni hilan; pero os digo, que ni aun Salomón con toda su gloria se vistió así como uno de ellos"*. Dependemos de Dios y si nosotros ponemos la confianza en otras cosas que no son de Dios, desviamos nuestra fe.

- **Participante.-** ¿Qué pasa en los hogares separados cuando uno de ellos instruye al hijo en la Palabra de Dios y la otra que está apartada no?

- **Participante.-** ¿Qué puede hacer el creyente ahí?

- **R.M.-** Orar. Bueno hermano aquí nosotros damos consejería familiar para esas cosas, hay personas que están así producto del pasado porque no conocen la palabra de Dios, o por yugo desigual, el Pastor le dice no te cases ahí y el otro no hace caso y los resultados por ejemplo es que una de ellos quiere bautizar al hijo en el catolicismo, lleno de imágenes e ídolos, y el cristiano no quiere eso. O quiere colocar la virgen maría aquí en mi cuarto o cosas como esa. Imagínese, todo el resultado por una mala decisión así; pero todo tiene solución.

10.5.11. Los videojuegos de luchas.

Hay mucha gente demonizadas por videojuegos. Padres tengan control. Hay padres cristianos que hasta le compran toda clase de videojuegos. En ese campo de videojuegos podría predicar todo un día. Son puertas que hay. Por darles una temporal alegría a sus hijos están demonizando su casa. La mayoría de estos juegos son demoníacos.

10.5.12. Los abortos.

Hay abortos que usted cometió, o aconsejó a alguien. Hoy en día el aborto con las pastillas del Día Siguiente están cometiendo asesinatos de niños inocentes. Cada vez que usted tuvo relaciones sexuales y estando en el periodo fértil, empezó la vida de esa criatura, y el día siguiente tomó pastillas, mató a esa criatura. Eso es asesinato. Yo también estuve en eso cuando estaba en el mundo. Dios ya me perdonó por eso. ¿Sabe? Éste ministerio es lindo, ¿Sabe por qué? Porque usted aprende a arreglar su vida, a confesar sus pecados y a sacar sus demonios. Empieza una vida plena en Cristo Jesús. Varios dicen: Oye entonces hay una solución, Sí, Jesucristo. ¡Aleluya!

- **Participante**.- Hermano cuando uno se opera para no tener bebes.

- **R.M.-** Bueno Dios es el que da la vida, Dios decide cuando si y cuando no. Esa decisión, es una decisión humana, y eso es lo mismo que sustituir a Dios. Lo mejor es pedir perdón al Señor. Dios hace la obra perfecta, lo mejor es que los esposos trabajen en el dominio propio, la templanza, el método del Ritmo (cuando la mujer no está en periodos de fertilidad).

10.5.13. El acto sexual por los lugares del cuerpo indebido.

Cada miembro tiene su función, un propósito por el cual fue creado, ¡el Ano es para defecar y nada más! la boca es ¡para ingerir alimentos! He encontrado demonios que entraron por esos lugares e incluso les estaban enfermando esas partes. Así que si a usted le duele mucho la garganta recuerde que tragó. Por lo tanto, hacer cosas indebidas es pecado hay que tener cuidado.

> *Cada miembro tiene su función, propósito por el cual fue creado.*

10.5.14. Las violaciones también son puertas.

Forzadas o intento. El juego de niños de mamá y papá, todo es puerta de pecado, Entonces desde niño hay inclinaciones o desviaciones. Pecados son pecados,

10.5.15. La Idolatría.

Hemos mencionado puertas que uno ve como NO comunes, además de otra puerta que es la **idolatría a santos o personas**. Personas que idolatran a personas, cantantes, actores, la esposa idolatra al esposo o el esposo a la esposa, o carros, trabajos.

Es quitar el primer lugar a Dios y dárselo al trabajo, la novia, la esposa, los hijos, hobbies, deporte, Etc. Si continuamente deja los días de reunión de la Iglesia por cualquier otro asunto; hay idolatría.

Otras puertas son las brujerías enviadas, satanismos, catolicismo, horóscopos, la fornicación, el adulterio, bestialismo, sexo con animales, lascivia, masturbación, pornografía, homosexualismo, prostitución, lesbianismo. Por las anteriores puertas entran bastantes demonios.

10.5.16. El traer objetos inmundos a casa.

Aunque sean traídos conscientemente o inconscientemente a nuestra casa producen maldiciones. Ejemplo: Los Peluches obtenidos de las máquinas de monedas. Una persona da testimonio que sacó un peluche de estos y venía poseído, pues los dueños de las máquinas los habían pactado, entonces introducido a la casa acarrea *maldición*.

Aunque usted ore y ayune y si este objeto está, el demonio no se va, él está trabajando con pleitos familiares, ruina, problemas, Etc. Lo que hay que hacer es echarlo fuera en el Nombre de Jesús.

Bueno, todo lo que son **imágenes** son maldiciones, el catolicismo está lleno de esas cosas por ejemplo el **rosario;** pero los fieles desconocen eso. También fotos de **objetos orientales**. La mayoría de los objetos hindúes son cosas dedicadas a sus dioses. Los demonios están alrededor de los objetos, no adentro. Habitan en el lugar donde está ese objeto.

> *El día que sacó todos los objetos e imágenes que tenía en la casa, el niño se sanó*

Elefantes para la suerte, Buda, Cofres. Son elementos que son de dedicación a dioses paganos.

Muchas cosas indígenas en México; y en otros países también. El hacha, la herradura, la mata de sábila. Son todas esas cosas que yo vi y viví cuando estaba en el mundo. Tenga la seguridad hermanos que al lado de esas cosas hay demonios.

Testimonio de una mujer que su hijo de 7 años le daba ataques epilépticos, que se caía por las escaleras en la escuela. Ella vivía en Francia, le recomendé que sacara toda una serie de objetos, ella era católica; y el día que sacó todos los objetos e imágenes que tenía en la casa, el niño se sanó. Nunca más le dieron ataques.

Entonces, los demonios no están jugando y Dios tampoco juega. Cuando Dios dice saca eso, ¡Saca eso!

Cuando Dios dijo al pueblo de Israel que salgan de Egipto, que Yo voy al frente; cuando vayas allá destruye todas esas malas costumbres y no le entregues tus hijos y tus hijas, porque entonces ellos irán aprendiendo las costumbres paganas, adoraran a los ídolos y ellos te invitarán a comer la comida dedicada a esos ídolos. Eso es anatema, es pecado.

Eso es delicado, no traiga objetos a su casa, nada, cero. No acepte cuentos, cuando usted llegue a su casa, límpiela, no tenga cuadros indebidos u objetos. Yo tengo una prédica de cómo limpiar la casa y la iglesia.

Un ejemplo: La amiga le regaló un muñequito, pero usted sabe o sabía que la amiga le tiene envidia por el esposo y usted se queda con el regalito porque es bonito o recordar a la amiguita. Tenga por seguro que ése regalo viene trabajado. No crea ese cuento. Lo más seguro es que la "amiga" le dio una oración para destruir su hogar, o finanzas, o algo. Bote, destruya, el regalito, no regale para no pasar esa maldición a nadie, y antes saque el demonio que está ahí. Ésta es brujería, son cosas dedicadas.

10.5.17. Las prendas que visten - Cuiden su casa.

Saber que está escrito en las prendas de vestir; si no lo sabe porque está escrito en idioma extranjero, mejor pregunte o no ponérselas. A mi esposa le regalaron cosas, y me preguntó por ellas. Yo le dije: Lo boté porque le vi algo raro a ese muñeco, soy el responsable de la casa ¡Yo cuido mi casa!

Ustedes limpien todas sus casas, sugiero no tener muchas cosas en las paredes que compraron sin saber, muchas de ellas pueden estar dedicadas. Ustedes estén alertas.

> *Para aprender la maldad no hay que ir a la escuela o la universidad.*

Estas son cosas reales, para aprender la maldad no hay que ir a la escuela o la universidad, eso está ahí, muchas veces no hay necesidad de pagar ni nada, donde sea enseñan.

10.5.18. Palabras de Maldición – Maldecir.

Que no es solamente decir: Yo te maldigo, no: Maldecir también es decir mal a alguien o de alguien.

Ejemplos:

- Eres una tonta
- Usted no sirve para nada
- Eres un imbecil
- Usted no se va casar
- Siempre malogras las cosas
- Malogras la comida

- Eres una gorda
- Eres un flaco
- Tienes mala suerte
- Eres un desgraciado
- Eres un desdichado
- Maldito, Etc.

Parece simple o normal pero no es así, se está condenando a la persona. Usted iba a la escuela y no aprobó el examen y el profesor le dice ¡Eres un bruto! Te entra un demonio de bruto. De hecho, a nadie le gusta que le digan algo feo aunque sea con cariño.

Ejemplos:

- Mi gordita
- Mi negrito

- Mi chiquita, mi viejito
- Mi chanchita, Etc.

Hay que cambiar el lenguaje, nosotros Bendecimos, Todo lo que digamos sea bueno, que las personas reciban bendición por nuestra boca.

Ejemplos:

- Que responsable eres
- Eres inteligente
- Que tierna eres, Etc.

Dios dice: *"Sean santos porque yo soy santo"*. Recuerde, *nos trasladó del reino de las tinieblas al reino de la luz"*, *"Somos luz, somos lámparas"*, *"Nación santa, real sacerdocio"*, y tenemos que actuar como tal. *"Con Cristo estoy juntamente crucificado, y ya no vivo yo más vive Cristo en mí"*, *"las cosas viejas pasaron, he aquí todas son hechas nuevas"*.

"Así también nosotros andemos en este mundo "no para hacer mi voluntad, sino la voluntad del que me envió"**,** no mi palabra, sino la Palabra de Él, no mi lenguaje, sino el lenguaje de Él, no el de mi vecino sino el de Él. Lo que diga la Palabra de Dios es lo que voy a decir yo.

> *Lo que diga la Palabra de Dios es lo que voy a decir yo.*

Participante.- Pastor, cuando una vive con los padres, soltera, sin conocer a Dios, y sale embarazada del novio, y decide irse de casa; los padres se enojan y la tratan mal, con ira, y le dicen palabras con ira, descarga palabras fuertes, muchas palabras hacia el hijo(a). ¿Eso es maldición?

- **R.M.**- Claro, están maldiciendo. Una cosa es airarse o molestarse, y otro asunto es dejarse llevar por la ira.
- **R.M.**- *"Airaos pero no pequéis"*. Pero si sigo diciendo malas palabras sigo maldiciendo. Si me enojo le pido perdón a Dios, a la persona y me perdono, y sigo caminando en Fe.
- **Participante**.- Sí la joven que salió embarazada no estuvo, presente ni escuchó directamente las palabras de ira de los padres. ¿También es maldición?
- **R.M.**- Por supuesto, es maldición. Primero, porque ella ofendió a sus padres con el embarazo fuera de matrimonio. Segundo, porque se fue de casa sin el consentimiento debido. En ambos casos ella ofendió a Dios y a sus padres. Entonces, los demonios se encargarán de perturbar al bebe y los nuevos padres. Recuerdan que el Señor dijo: Tienen quien los acusa, Moisés (La Ley) *"Honra a tu padre y a tu madre para que tus días sean largos y llenos de prosperidad, que es el primer mandamientos con promesa"*.
  ¿Lo ve? Entonces, ¿Quiénes cree que ejecutarán la maldición? Claro, los demonios. Ahora bien, aunque usted no escuchó sus palabras de maldición, ésta fue enviada y junto a ella van los demonios a ejecutarla.

El mundo espiritual es muy delicado, por eso hay que hacer las paces con todas las personas. Por ejemplo: una persona está en otro país y nos manda maldiciones, sino estamos en Cristo nos afectan, pero si estamos caminando en santidad en Cristo, no nos pueden afectar. Entonces, Sí la persona maldijo, los demonios salieron a ejecutar, si la persona bendice, los ángeles salen a ejecutar la bendición donde esté la persona.

Aunque tenemos el privilegio de tener a Jesús y Él nos perdona, tenemos que mantenernos limpios pidiendo perdón por las cosas que hacemos sabiendo que no están bien. Y perdonando lo que se equivocan contra nosotros.

Hay gente que dice o canta te machaco la cabeza Satanás. Esas cosas no hay que decirlas. Hay gente que se enfrentan con el demonio producto de pleitos con su misma pareja y no hay necesidad de eso, todo tiene un orden. Dice el demonio: pero qué culpa tengo yo si esta persona anda en pornografía, maldiciendo y anda en pecado.

> *Hay que buscar la causa. Todo tiene una causa.*

Yo estoy aquí porque me enviaron. (Así me dicen a mí en las liberaciones) ¿Quién te envío? Fulana de tal. ¿Por qué te envío? Porque esta personas hizo esto o lo otro, lo que sea. Ellos están cumpliendo. Hay que buscar la causa, todo tiene una causa.

Hay que tener cuidado y estar en santidad para echar a fuera estos demonios.

10.5.19. Imposición de manos estando en pecado.

También es delicado, porque la otra persona puede estar llena de demonios y es muy seguro que se pasen a usted y los de usted a esa persona. Usted hermano si ve que ese líder el cual está bajo autoridad está en pecado no se deje imponer mano de él., hay pecados que son fáciles de descubrir como por ejemplo si usted ve que ese líder o pastor es violento, orgulloso, airoso o anda con miradas de lascivia o cualquier indicio, por favor no se deje colocar sus manos en la cabeza porque al estar o colocarse usted en una posición de sumisión y el líder de autoridad, los demonios aprovechan y se les pueden pasar algunos y cuando usted menos se da cuenta, hace o practica ese pecado del Líder.

"No impongas con ligereza las manos a ninguno, ni participes en pecados ajenos. Consérvate puro". 1ra Tim. 5:22

Por ejemplo: Le dijo una persona a la Pastora (antes de ser creyente), que su negocio iba a ser prosperado y le impuso las manos, y el resultado fue que su negocio se vino abajo, le envió un demonio que fue el que hoy salió. Encontré líderes en Iglesias colocando demonios, demonizando a muchos de la Iglesia. Todo al que estos líderes impusieron manos fueron afectados. Yo he estado liberando a muchos de ellos.

- **Participante.-** El Pastor es quién tiene que imponer las manos. ¿Verdad?

- **R.M.-** Sí, aunque podría ser otros líderes. Pero tenga cuidado, si usted ve a un Pastor con ira, con rencores, hermano(a) no se deje imponer manos. Parte de esos demonios va pasar a usted.

> *No todos, no han sido liberados totalmente y vienen con ellos demonios de lascivia, lujuria, orgullo, divisiones.*

Ejemplo: Si un Pastor está en adulterio lo más seguro es que también los demás líderes y miembros tienen demonios porque están bajo la autoridad del pastor y les ha transferido esos demonios. Esa Iglesia está llena de demonios.

Existe también Pastores que andan en pleitos y queriendo divorciarse, entonces entra a la iglesia el demonio de divorcio y en la iglesia, ahí, los hermanos(as) empiezan a divorciarse. O sí empieza el chisme, toda la iglesia anda en chisme.

Tenga mucho cuidado con las personas que traigan a la iglesia, ya sean evangelistas o cantantes porque muchos de ellos, no todos, no han sido liberados totalmente y vienen con ellos demonios de lascivia, lujuria, orgullo, divisiones.

Hay que tener cuidado, en la iglesia donde me reúno no todo mundo impone manos, no todos pueden servir, la persona debe estar en santidad, y también su casa, caminando correctamente.

Es muy común ver una iglesia que traen evangelistas o cantantes haciendo campañas sin estudiar bien su vida personal, sus frutos y si después notamos que hay discordias o problemas dentro de la iglesia posiblemente la causa fue la llegada de esa persona. Pudo haber traído demonios, además, muchos no creen que un cristiano pueda tener demonios. El pastor tiene total responsabilidad en la iglesia en el cuidado de las ovejas del Señor. No cualquiera puede imponer manos, poniéndole demonios más bien.

Hay que tener cuidado. La iglesia en que me reúno está creciendo porque la gente ve que hay santidad, transformación y señales y prodigios, las mujeres que no podían tener hijos, ahora todas tienen hijos. La gente escucha buena Palabra y se va transformada con muchas señales y prodigios. La Palabra obra, transforma y sana.

10.5.20. El no Diezmar.

Si usted diezma está en bendición. Siempre y cuando usted éste con ingresos hay que entregar lo que no es de uno, debe diezmar, y lo que es de uno quedarse con él y administrarlo de buena manera. Y si lo que hay que darle a Dios es Ofrenda, pues entonces se le dará ofrenda, y si quiera apoyar el ministerio de Cristo Libera de Roger D Muñoz apóyelo. He encontrado varios demonios por no diezmar.

10.5.21. La Drogadicción.
Las drogas como: la cocaína, la marihuana, cigarrillos, etc.

10.5.22. Sermones de prosperidad financiera.
Lo más seguro te van a entrar esos demonios que te harán amar el dinero, muchos de esos demonios yo los he encontrado.

10.5.23. Prometer y no cumplir.
Ejemplo: si el Pastor pide en la iglesia una ayuda para tal cosa, y usted dice que sí sabiendo que no puede, es mejor decir no y estar bien ante Dios. Porque mi Señor es Santo.

10.5.24. La música general del mundo
El Rock, música de Michael Jackson, cuando andaba yo en el mundo yo escuchaba a Michael Jackson y le tuve que pedir perdón

al Señor y ordenarle a los demonios que salieran y tenían que obedecer. Recuerde las letras de pena, tristeza, rebelión, lujuria, lascivia, blasfemia, rencores, odios, vergüenzas, venganzas, y demás que contienen las letras de las canciones.

10.5.25. Otras puertas:

- El no perdonar
- El Robo
- La ira
- La crítica
- El yoga
- Las artes marciales
- Los chismes
- Las sectas, testigos de Jehova
- El mormonismo
- Pedir fuerza y poder en el lugar equivocado
- La gente que va al gimnasio o practica zumba - cuidado con los movimientos sensuales

> *¿Practica Zumba?*
> *Cuidado con los*
> *movimientos sensuales*

10.6. UN CONSEJO.

Vuelva a leer este capítulo y vaya renunciando uno a uno cada puerta que usted abrió y aun aquella puerta que no esté aquí colocada pero que usted la recuerda y luego eche en el Nombre de Jesús los demonios que posiblemente estén ahí.

MENSAJES PARA RECORDAR

- Donde hay enfermedades casi siempre hay demonios y donde hay demonios hay enfermedades.

- Son consecuencias de actos de nuestros antepasados, los padres, abuelos, bisabuelos, tatarabuelos han cometido pecado y han pasado a nosotros.

- Los traumas producto de accidentes o emocionales físicos son entrada para los demonios.

- Dependiendo de lo que hablemos se meten maldiciones sin pensarlo o le dicen a uno palabras y esas palabras son maldiciones.

- Hay gente que andan con ira, se ve mucho en los jóvenes pero es resultado que papá era enojón, mamá era enojona, también son demonios que están allí.

- El problema es el pecado, tenemos que dejar el pecado, y para eso murió Jesús en la **Cruz del Calvario.**

- **Usted dice, Señor perdóname en el Nombre de Jesús. Y usted sigue haciendo lo mismo. No, no. Él es Santo.**

- Él no nos va a dar cargas que no podamos llevar.

- Si usted tiene un familiar que fue o es Satanista, hermanos(as) escúcheme bien, lo más seguro que usted también ha sido pactado, porque ellos dedican a su familia a Satanás.

MENSAJES PARA RECORDAR
Continuación

- Es que el Diablo no quería que ustedes supieran estas cosas, porque el conocimiento es importante.

- Él llevó todas las maldiciones de la gente, también iniquidades que son los pecados más grandes.

- Los padres son responsables de su casa, y sí la mujer está sola, ella es responsable de su casa.

- Si nosotros ponemos la confianza en otras cosas que no son de Dios, desviamos nuestra fe.

- Éste ministerio es lindo, ¿Sabe por qué? Porque usted puede arreglar su vida, sacando esos demonios, empieza una vida plena.

- Lo que son imágenes son maldiciones, el catolicismo está lleno de esas cosas, como el rosario, pero los fieles desconocen eso.

- Ustedes limpien todas sus casas, sugiero no tener muchas cosas en las paredes que compraron sin saber, muchas de ellas que ya están dedicadas.

- El mundo espiritual es muy delicado, por eso hay que hacer las paces con todas las personas.

- Si la persona que lo va a liberar no está en santidad le podría pasar demonios a usted.

11. CREACIÓN DE UN EQUIPO DE LIBERACIÓN

Es vital establecer en cada iglesia un equipo de liberación que ministre a sus miembros incluyendo familia pastoral. Es decir a todos los que conforman el cuerpo de Cristo. En este capítulo se darán las pautas básicas para su conformación.

Características Principales en un Ministro de Liberación.

Dentro de éste como de todos los ministerios o trabajos seculares, es necesario contar con un perfil, que le permita a una persona ejercer dicho ministerio, para que la labor no se convierta en una cuestión de emociones, ya que una vez iniciado un ministerio para Cristo inicia el proceso de evolución, en donde se va capacitando por medio del Espíritu Santo, justo para el servicio, lo cual debe ser de manera constante, permanente y con plena conciencia, seriedad, responsabilidad social y Amor.

Creación de un Equipo de Liberación

> *Es un ministerio de muchísima responsabilidad ya que entra en terrenos espirituales reales*

El ejercicio del ministerio de liberación, no es una novedad, ni una novelería, por el contrario es un ministerio de muchísima responsabilidad ya que entra en terrenos espirituales reales, en los que se comienza a visualizar la verdadera situación de la humanidad, respecto a la bondad y a la maldad, con relación al estado de vida abundante o de miseria que realmente vive el hijo de Dios y las raíces exactas que se deben desarraigar y por lo tanto se enfrenta directamente con el sembrador de esas raíces.

La buena noticia es que un simple sembrador, llamado Satanás, nada puede hacer cuando el dueño del terreno es quien ordena la limpieza de este ser, por medio de la Sangre de Cristo la que fue suficiente para esta obra definitiva.

El dueño del universo, el dador de la vida, el dador de la libertad y sobretodo la Sangre limpiadora la cual una vez reconocemos su poder comenzaremos a valorar, literalmente como el tesoro más preciado que poseemos los hijos de Dios, no porque tengamos en poco la Salvación, sino todo lo contrario, porque comenzamos a apreciar lo valioso de la verdadera libertad en Cristo.

Comenzaremos entonces analizar quienes no deben ejercer el ministerio a partir de las instrucciones de nuestro manual de vida la Biblia.

En este capítulo, como en todo este libro, haremos uso de la **versión Reina Valera 1960.**

RV Hechos 19:13-20

[13] Pero algunos de los judíos, exorcistas ambulantes, intentaron invocar el nombre del Señor Jesús sobre los que tenían espíritus malos, diciendo: Os conjuro por Jesús, el que predica Pablo. [14] Había siete hijos de un tal Esceva, judío, jefe de los sacerdotes, que hacían esto. [15] Pero respondiendo el espíritu malo, dijo: A Jesús conozco, y sé quién es Pablo; pero vosotros, ¿quiénes sois? [16] Y el hombre en quien estaba el espíritu malo, saltando sobre ellos y dominándolos, pudo más que ellos, de tal manera que huyeron de aquella casa desnudos y heridos. [17] Y esto fue notorio a todos los que habitaban en Éfeso, así judíos como griegos; y tuvieron temor todos ellos, y era magnificado el nombre del Señor Jesús. [18] Y muchos de los que habían creído venían, confesando y dando cuenta de sus hechos. [19] Asimismo, muchos de los que habían practicado la magia trajeron los libros y los quemaron delante de todos; y hecha la cuenta de su precio, hallaron que era cincuenta mil piezas de plata. [20] Así crecía y prevalecía poderosamente la palabra del Señor.

No toda persona puede ejercer el ministerio de la liberación dado que se enfrentan a una situación de extrema seriedad, y es precisamente por lo delicado del asunto, que debemos tomar este ministerio con gran responsabilidad y santidad.

Comprendiendo que es la Sangre de Jesús que no sólo nos devuelve a la vida, nos hace hijos de Dios y además nos devuelve la libertad de la cautividad del pecado.

RV Romanos 6:

⁶ Sabiendo esto, que nuestro viejo hombre fue crucificado juntamente con él, para que el cuerpo del pecado sea destruido, a fin de que no sirvamos más al pecado. ⁷Porque el que ha muerto, ha sido justificado del pecado. ⁸Y si morimos con Cristo, creemos que también viviremos con él; 9sabiendo que Cristo, habiendo resucitado de los muertos, ya no muere; la muerte no se enseñorea más de él. ¹⁰Porque en cuanto murió, al pecado murió una vez por todas; más en cuanto vive, para Dios vive. ¹¹Así también, vosotros consideraos muertos al pecado, pero vivos para Dios en Cristo Jesús, Señor Nuestro. ¹²No reine, pues, el pecado en vuestro cuerpo mortal, de modo que lo obedezcáis en sus concupiscencias; ¹³ni tampoco presentéis vuestros miembros al pecado como instrumentos de iniquidad, sino presentaos vosotros mismos a Dios como vivos de entre los muertos, y vuestros miembros a Dios como instrumentos de justicia.

Es visto de manera particular que quienes hablan de expulsar demonios o se dedican a este ramo son calificados como personas especiales o se tiende a exaltarlas más de lo debido, por lo que es necesaria la humildad en el reconocimiento de que este Don procede y pertenece únicamente al poder de Cristo Jesús en su Sangre derramada y en el poder depositado en todos sus hijos es lo que nos permite ejercer tal función de dar libertad a los oprimidos, atados, subyugados.

Si bien es cierto que nuestra libertad es definitiva al recibir a Cristo, se sabe que el maligno sólo vino a matar, robar y destruir, así que permanece de manera ilegal y fraudulenta en los cristianos y por este motivo se requiere de limpiar nuestro cuerpo y nuestra alma, más no en el espíritu ya que al revivir éste, lo que llamamos nuevo nacimiento, de manera instantánea el Espíritu Santo entra a morar en nosotros unido a nuestro espíritu renacido.

Este ministerio se puede ejercer en cristianos pero es definitivo entender que quienes no pertenecen a Cristo, son hijos del padre de este mundo, así que de nada sirve, pues no se puede dividir un reino y esta persona no permanecerá en libertad, pues es esclava de su pecado aun, y su espíritu continúa muerto así que volverá a ser ocupada por quien le gobierna:

²⁹Porque ¿cómo puede alguno entrar en la casa del hombre fuerte, y saquear sus bienes, si primero no le ata? Y entonces podrá saquear su casa. ³⁰El que no es Conmigo, contra mí es; y el que Conmigo no recoge, desparrama.

Hemos sido llamados a dar libertad a quienes ya tienen el derecho y la autoridad de permanecer, el mal ya no tiene potestad en un hijo de Dios por lo que el ministerio se puede ejercer con toda libertad y autoridad por este motivo.

En Lucas se describe el ministerio de Jesús, el cual vino a ser su función en este mundo.

RV Lucas 4:17 – 21

17Y se le dio el libro del profeta Isaías; y habiendo abierto el libro, halló el lugar donde estaba escrito: 18El Espíritu del Señor está sobre mí, Por cuanto me ha ungido para dar buenas nuevas a los pobres; Me ha enviado a sanar a los quebrantados de corazón; A pregonar libertad a los cautivos, Y vista a los ciegos; A poner en libertad a los oprimidos; 19A predicar el año agradable del Señor. 20Y enrollando el libro, lo dio al ministro, y se sentó; y los ojos de todos en la sinagoga estaban fijos en él. 21Y comenzó a decirles: Hoy se ha cumplido esta Escritura delante de vosotros.

> **Hemos sido llamados a dar libertad a quienes ya tiene el derecho y la autoridad de permanecer, el mal ya no tiene potestad en un hijo de Dios.**

1. Haber Nacido de Nuevo.

RV Juan 3 1-8

1Había un hombre de los fariseos que se llamaba Nicodemo, un principal entre los judíos. 2Éste vino a Jesús de noche y le dijo: Rabí, sabemos que has venido de Dios como maestro; porque nadie puede hacer estas señales que tú haces, si no está Dios con él. 3Respondió Jesús y le dijo: De cierto, de cierto te digo, que el que no naciere de nuevo, no puede ver el

> *reino de Dios. ⁴Nicodemo le dijo: ¿Cómo puede un hombre nacer siendo viejo? ¿Puede acaso entrar por segunda vez en el vientre de su madre, y nacer? ⁵Respondió Jesús: De cierto, de cierto te digo, que el que no naciere de agua y del Espíritu, no puede entrar en el reino de Dios. ⁶Lo que es nacido de la carne, carne es; y lo que es nacido del Espíritu, espíritu es. ⁷No te maravilles de que te dije: Os es necesario nacer de nuevo. ⁸El viento sopla de donde quiere, y oyes su sonido; más ni sabes de dónde viene, ni a dónde va; así es todo aquel que es nacido del Espíritu.*

El nuevo nacimiento requiere de reconocer a Jesucristo como único Salvador, y de reconocer que su Sangre derramada en la Cruz fue sacrificio suficiente para devolvernos la vida en el espíritu que por la desobediencia de un hombre (Adán), estaba muerto y que por la multitud de pecados en el hombre hacía necesario este sacrificio para libertad, Dios envía a su hijo quien por medio del sufrimiento, aprendió obediencia y por su obediencia y sacrificio fuimos salvos y Él exaltado.

RV Hechos 2:38

> *³⁸Pedro les dijo: Arrepentíos, y bautícese cada uno de vosotros en el nombre de Jesucristo para perdón de los pecados; y recibiréis el don del Espíritu Santo.*

La obra salvadora de Jesús es completamente por su gracia.

RV...Efesios 2:1-10

> *¹ Y él os dio vida a vosotros, cuando estabais muertos en vuestros delitos y pecados, ²en los cuales anduvisteis en otro tiempo, siguiendo la corriente de este mundo, conforme al príncipe de la potestad del aire, el espíritu que ahora opera en los hijos de desobediencia, ³entre los cuales también todos nosotros vivimos*

en otro tiempo en los deseos de nuestra carne, haciendo la voluntad de la carne y de los pensamientos, y éramos por naturaleza hijos de ira, lo mismo que los demás. [4]Pero Dios, que es rico en misericordia, por su gran amor con que nos amó, [5]aun estando nosotros muertos en pecados, nos dio vida juntamente con Cristo (por gracia sois salvos), [6] y juntamente con él nos resucitó, y asimismo nos hizo sentar en los lugares celestiales con Cristo Jesús, [7]para mostrar en los siglos venideros las abundantes riquezas de su gracia en su bondad para con nosotros en Cristo Jesús. [8]Porque por gracia sois salvos por medio de la fe; y esto no de vosotros, pues es don de Dios; [9]no por obras, para que nadie se gloríe. [10]Porque somos hechura suya, creados en Cristo Jesús para buenas obras, las cuales Dios preparó de antemano para que anduviésemos en ellas.

Nuevo nacimiento nos hace nuevas creatura invalidando todo nuestro pasado.

RV 2 Corintios 5 17-21

[17] De modo que si alguno está en Cristo, nueva criatura es; las cosas viejas pasaron; he aquí todas son hechas nuevas. [18] Y todo esto proviene de Dios, quien nos reconcilió consigo mismo por Cristo, y nos dio el ministerio de la reconciliación; [19]que Dios estaba en Cristo reconciliando consigo al mundo, no tomándoles en cuenta a los hombres sus pecados, y nos encargó a nosotros la palabra de la reconciliación. [20]Así que, somos embajadores en nombre de Cristo, como si Dios rogase por medio de nosotros; os rogamos en nombre de Cristo: Reconciliaos con Dios. [21]Al que no conoció pecado, por nosotros lo hizo pecado, para que nosotros fuésemos hechos justicia de Dios en él.

Sabiendo que nuestro espíritu vive y está unido al Espíritu Santo que nos guía, Poniendo nuestra fe en la esperanza venidera de nuestra salvación.

RV 1 Pedro 1:3-5

Bendito Dios y Padre de nuestro Señor Jesucristo, que según su grande misericordia, nos hizo renacer para una esperanza viva, por la resurrección de Jesucristo de los muertos, [4] para una herencia incorruptible, incontaminada e inmarcesible, reservada en los cielos para vosotros, [5] que sois guardados por el poder de Dios mediante la fe, para alcanzar la salvación que está preparada para ser manifestada en el tiempo postrero.

Ahora somos templo del Espíritu Santo.

(RV) 1 Corintios 6:19- 20.

[19] *¿O ignoráis que vuestro cuerpo es templo del Espíritu Santo, el cual está en vosotros, el cual tenéis de Dios, y que no sois vuestros?* [20] *Porque habéis sido comprados por precio; glorificad, pues, a Dios en vuestro cuerpo y en vuestro espíritu, los cuales son de Dios.*

El mismo Espíritu Santo nos guía a toda verdad.

RV... Juan 16 7 – 15

[7] *Pero yo os digo la verdad: Os conviene que yo me vaya; porque si no me fuera, el Consolador no vendría a vosotros; más si me fuere, os lo enviaré.* [8] *Y cuando él venga, convencerá al mundo de pecado, de justicia y de juicio.* [9] *De pecado, por cuanto no creen en mí;* [10] *de justicia, por cuanto voy al Padre, y no me veréis más;* [11] *y de juicio, por cuanto el príncipe de este mundo ha sido ya*

juzgado. ^{12}Aún tengo muchas cosas que deciros, pero ahora no las podéis sobrellevar. ^{13}Pero cuando venga el Espíritu de verdad, él os guiará a toda la verdad; porque no hablará por su propia cuenta, sino que hablará todo lo que oyere, y os hará saber las cosas que habrán de venir. ^{14}Él me glorificará; porque tomará de lo mío, y os lo hará saber. ^{15}Todo lo que tiene el Padre es mío; por eso dije que tomará de lo mío, y os lo hará saber.

El Espíritu Santo en nosotros es la Evidencia de nuestra redención venidera.

Efesios 1:13-14^{13} *E
n él también vosotros, habiendo oído la palabra de verdad, el evangelio de vuestra salvación, y habiendo creído en él, fuisteis sellados con el Espíritu Santo de la promesa, ^{14}que es las arras de nuestra herencia hasta la redención de la posesión adquirida, para alabanza de su gloria.*

2. Ser un Genuino Discípulo de Cristo.

Obedeciendo su voluntad primero que la de los hombres, cumplir con mis deberes sociales y económicos en la iglesia, amando al prójimo, perfeccionándonos en su amor.

RV Juan 15: 7 -17

^{7}Si permanecéis en mí, y mis palabras permanecen en vosotros, pedid todo lo que queréis, y os será hecho. ^{8}En esto es glorificado mi Padre, en que llevéis mucho fruto, y seáis así mis discípulos. ^{9}Como el Padre me ha amado, así también yo os he amado; permaneced en mi amor. ^{10}Si guardareis mis mandamientos, permaneceréis en mi amor;

así como yo he guardado los mandamientos de mi Padre, y permanezco en su amor. ^{11}*Estas cosas os he hablado, para que mi gozo esté en vosotros, y vuestro gozo sea cumplido.* ^{12}*Éste es mi mandamiento: Que os améis unos a otros, como yo os he amado.* ^{13}*Nadie tiene mayor amor que éste, que uno ponga su vida por sus amigos.* ^{14}*Vosotros sois mis amigos, si hacéis lo que yo os mando.* ^{15}*Ya no os llamaré siervos, porque el siervo no sabe lo que hace su señor; pero os he llamado amigos, porque todas las cosas que oí de mi Padre, os las he dado a conocer.* ^{16}*No me elegisteis vosotros a mí, sino que yo os elegí a vosotros, y os he puesto para que vayáis y llevéis fruto, y vuestro fruto permanezca; para que todo lo que pidiereis al Padre en mi nombre, él os lo dé.* ^{17}*Esto os mando: Que os améis unos a otros.*

¿Cómo se reconoce un discípulo de Cristo?
En el amor al prójimo.

RV... Juan 13: 34-35

^{34}*Un mandamiento nuevo os doy: Que os améis unos a otros; como yo os he amado, que también os améis unos a otros.* ^{35}*En esto conocerán todos que sois mis discípulos, si tuviereis amor los unos con los otros.*

Es Necesario obedecer a Dios antes que a los hombres.

RV.... Hechos 5: 29-32

^{29}*Respondiendo Pedro y los apóstoles, dijeron: Es necesario obedecer a Dios antes que a los hombres.* ^{30}*El Dios de nuestros padres levantó a Jesús, a quien vosotros matasteis colgándole en un madero.* ^{31}*A éste, Dios ha exaltado con su diestra por Príncipe y Salvador, para dar a Israel arrepentimiento y perdón de pecados. ³²Y nosotros somos testigos suyos de estas cosas, y también el Espíritu Santo, el cual ha dado Dios a los que le obedecen.*

3. Dispuesto a discernir y Recibir.

Estar atento a la voz del Espíritu Santo, los hijos de Dios tenemos esa capacidad de parte de Dios para poder discernir lo que está pasando en el momento de la liberación.

RV....1 Juan 5:1-5

¹Todo aquel que cree que Jesús es el Cristo, es nacido de Dios; y todo aquel que ama al que engendró, ama también al que ha sido engendrado por él. ²En esto conocemos que amamos a los hijos de Dios, cuando amamos a Dios, y guardamos sus mandamientos. ³Pues éste es el amor a Dios, que guardemos sus mandamientos; y sus mandamientos no son gravosos. ⁴Porque todo lo que es nacido de Dios vence al mundo; y ésta es la victoria que ha vencido al mundo, nuestra fe. ⁵¿Quién es el que vence al mundo, sino el que cree que Jesús es el Hijo de Dios?

4. Miembro Activo del Cuerpo de Cristo sometido bajo autoridad.

La persona debe ser un miembro activo del cuerpo de Cristo y estar bajo autoridad, quien no entienda y se rija bajo los principios de autoridad, no cuenta con las bases reales de comprensión y certeza de la autoridad que piensa ejercer sometiendo a los demonios a la obediencia a Cristo y a su Palabra, pues su propia vida está en contravía con los principios establecidos por Dios para el hombre, no ser sujeto a la autoridad equivale a la desobediencia y esta condición demuestra que no tiene el llamado al ministerio puesto que el sometimiento, la sujeción y la obediencia propia deben dar fe de la autoridad comprendida con la que se va a someter a los demonios para que así mismo estos también se sometan.

RV... Romanos 13:1- 10

^{1}Sométase toda persona a las autoridades superiores; porque no hay autoridad sino de parte de Dios, y las que hay, por Dios han sido establecidas. ^{2}De modo que quien se opone a la autoridad, a lo establecido por Dios resiste; y los que resisten, acarrean condenación para sí mismos. ^{3} Porque los magistrados no están para infundir temor al que hace el bien, sino al malo. ¿Quieres, pues, no temer la autoridad? Haz lo bueno, y tendrás alabanza de ella; ^{4} porque es servidor de Dios para tu bien. Pero si haces lo malo, teme; porque no en vano lleva la espada, pues es servidor de Dios, vengador para castigar al que hace lo malo. ^{5}Por lo cual es necesario estarle sujetos, no solamente por razón del castigo, sino también por causa de la conciencia. ^{6}Pues por esto pagáis también los tributos, porque son servidores de Dios que atienden continuamente a esto mismo. ^{7}Pagad a todos lo que debéis: al que tributo, tributo; al que impuesto, impuesto; al que respeto, respeto; al que honra, honra. ^{8}No debáis a nadie nada, sino el amaros unos a otros; porque el que ama al prójimo, ha cumplido la ley. ^{9}Porque: No adulterarás, no matarás, no hurtarás, no dirás falso testimonio, no codiciarás, y cualquier otro mandamiento, en esta sentencia se resume: Amarás a tu prójimo como a ti mismo. ^{10}El amor no hace mal al prójimo; así que el cumplimiento de la ley es el amor.

> *Sométase toda persona a las autoridades superiores; porque no hay autoridad sino de parte de Dios, y las que hay, por Dios han sido establecidas.*

5. Tener conocimiento de la Palabra de Dios.

La palabra de Dios es la espada de defensa en medio de la guerra espiritual que se desencadena, es la orden absoluta que estos deben obedecer y toda la creación bajo esta se sujeta

La Escritura nos da a conocer la voluntad de Dios en la cual debemos permanecer.

RV....Juan 8.31-32

^{31}*Dijo entonces Jesús a los judíos que habían creído en él: Si vosotros permaneciereis en mi Palabra, seréis verdaderamente mis discípulos;* ^{32}*y conoceréis la verdad, y la verdad os hará libres.*

La Escritura nos es necesaria para corregirnos e instruirnos.

RV.... Juan 5: 39

^{39} *Escudriñad las Escrituras; porque a vosotros os parece que en ellas tenéis la vida eterna; y ellas son las que dan testimonio de mí;*

RV….2 Timoteo 3:14-17

> *A fin de que el hombre de Dios sea perfecto, enteramente preparado para toda buena obra.*

[14]Pero persiste tú en lo que has aprendido y te persuadiste, sabiendo de quién has aprendido; [15]y que desde la niñez has sabido las Sagradas Escrituras, las cuales te pueden hacer sabio para la salvación por la fe que es en Cristo Jesús. [16]Toda la Escritura es inspirada por Dios, y útil para enseñar, para redargüir, para corregir, para instruir en justicia, [17]a fin de que el hombre de Dios sea perfecto, enteramente preparado para toda buena obra.

La leche espiritual no adulterada, significa que va a ser revelada directamente al lector sin intermediarios por medio del Espíritu Santo y está dirigida a su edificación personal, directamente de Dios.

RV….1 Pedro 2:1-5

[1]Desechando, pues, toda malicia, todo engaño, hipocresía, envidias, y todas las detracciones, [2]desead, como niños recién nacidos, la leche espiritual no adulterada, para que por ella crezcáis para salvación, [3]si es que habéis gustado la benignidad del Señor. [4]Acercándonos a Él, piedra viva, desechada ciertamente por los hombres, más para Dios escogida y preciosa, [5]vosotros también, como piedras vivas, sed edificados como casa espiritual y sacerdocio santo, para ofrecer sacrificios espirituales aceptables a Dios por medio de Jesucristo.

6. Buscar La Santidad.

Para nosotros identificar un cristiano comprometido nos basta con ver su testimonio y saber que el fruto del Espíritu se ve reflejado en él.

RV... 1 Juan 3: 6-9

⁶Todo aquel que permanece en él, no peca; todo aquel que peca, no le ha visto, ni le ha conocido. ⁷ Hijitos, nadie os engañe; el que hace justicia es justo, como él es justo. ⁸El que practica el pecado es del diablo; porque el diablo peca desde el principio. Para esto apareció el Hijo de Dios, para deshacer las obras del diablo. ⁹Todo aquel que es nacido de Dios, no practica el pecado, porque la simiente de Dios permanece en él; y no puede pecar, porque es nacido de Dios.

Ser Imitadores de Cristo significa, hacer lo mismo que Cristo hizo en su Ministerio y en su entrega y amor por los demás que hasta la vida misma entrego.

1 Pedro 1:13-16

¹³Por tanto, ceñid los lomos de vuestro entendimiento, sed sobrios, y esperad por completo en la gracia que se os traerá cuando Jesucristo sea manifestado; ¹⁴como hijos obedientes, no os conforméis a los deseos que antes teníais estando en vuestra ignorancia; ¹⁵sino, como aquel que os llamó es santo, sed también vosotros santos en toda vuestra manera de vivir; ¹⁶porque escrito está: Sed santos, porque yo soy santo.

Viviendo conforme al Espíritu no conforme a la carne pues Dios nos capacita y nos da la salida de toda prueba.

RV... Romanos 8: 6-16

⁶Porque el ocuparse de la carne es muerte, pero el ocuparse del Espíritu es vida y paz. ⁷Por cuanto los designios de la carne son enemistad contra Dios; porque no se sujetan a la ley de Dios, ni tampoco pueden; ⁸y los que viven según la carne no pueden agradar a Dios. ⁹Más vosotros no vivís según la carne, sino según el Espíritu, si es que el Espíritu de Dios mora en vosotros. Y si alguno no tiene el Espíritu de Cristo, no es de Él. ¹⁰Pero si Cristo está en vosotros, el cuerpo en verdad está muerto a causa del pecado, más el espíritu vive a causa de la justicia. ¹¹Y si el Espíritu de aquel que levantó de los muertos a Jesús mora en vosotros, el que levantó de los muertos a Cristo Jesús vivificará también vuestros cuerpos mortales por su Espíritu que mora en vosotros. ¹²Así que, hermanos, deudores somos, no a la carne, para que vivamos conforme a la carne; ¹³porque si vivís conforme a la carne, moriréis; más si por el Espíritu hacéis morir las obras de la carne, viviréis. ¹⁴Porque todos los que son guiados por el Espíritu de Dios, éstos son hijos de Dios. ¹⁵Pues no habéis recibido el espíritu de esclavitud para estar otra vez en temor, sino que habéis recibido el espíritu de adopción, por el cual clamamos: ¡Abba, Padre! ¹⁶El Espíritu mismo da testimonio a nuestro espíritu, de que somos hijos de Dios...

7. Tener un llamado al Servicio, Dones.

Yo sentía que tenía ese llamado por mis propias experiencias de auto liberación, Dios mismo me escogió. Sólo la persona puede saber y sentir si tiene este llamado. Ese fue mi caso personal.

Cuando Dios llama a servicio nos llena de su Espíritu dándonos sabiduría, inteligencia y ciencia para hacer lo que nos ha ordenado.

RV... Éxodo 31 1:6

¹Habló Jehová a Moisés, diciendo: ²Mira, yo he llamado por nombre a Bezaleel hijo de Uri, hijo de Hur, de la tribu de Judá; ³y lo he llenado del Espíritu de Dios, en sabiduría y en inteligencia, en ciencia y en todo arte, ⁴para inventar diseños, para trabajar en oro, en plata y en bronce, ⁵y en artificio de piedras para engastarlas, y en artificio de madera; para trabajar en toda clase de labor. ⁶Y he aquí que yo he puesto con él a Aholiab hijo de Ahisamac, de la tribu de Dan; y he puesto sabiduría en el ánimo de todo sabio de corazón, para que hagan todo lo que te he mandado.

> *Y lo he llenado del Espíritu de Dios, en sabiduría y en inteligencia, en ciencia y en todo arte.*

El don que Dios te da no te lo revoca, ni tampoco el llamado, así que si lo tienes, de seguro en tu corazón está la certeza, no hay asomo de duda.

RV... Romanos 11:29

²⁹Porque irrevocables son los dones y el llamamiento de Dios. Hay que ejercitar esos dones, la forma más primaria es buscando el ejercicio de esos dones como se realizaron bíblicamente, buscar personas que ya estén en el ejercicio del don para capacitarse pero siempre estar sujeto a la instrucción directa de Dios bajo autoridad.

El propósito de llamamiento es sin duda el servicio y es el propósito de Dios para nuestra vida.

RV... Romanos 8:28 -37

²⁸Y sabemos que a los que aman a Dios, todas las cosas les ayudan a bien, esto es, a los que conforme a su propósito son llamados. ²⁹Porque a los que antes conoció, también los predestinó para que fuesen hechos conformes a la imagen de su Hijo, para que él sea el primogénito entre muchos hermanos. ³⁰Y a los que predestinó, a éstos también llamó; y a los que llamó, a éstos también justificó; y a los que justificó, a éstos también glorificó. ³¹¿Qué, pues, diremos a esto? Si Dios es por nosotros, ¿Quién contra nosotros? ³²El que no escatimó ni a su propio Hijo, sino que lo entregó por todos nosotros, ¿cómo no nos dará también con él todas las cosas? ³³¿Quién acusará a los escogidos de Dios? Dios es el que justifica. ³⁴¿Quién es el que condenará? Cristo es el que murió; más aún, el que también resucitó, el que además está a la diestra de Dios, el que también intercede por nosotros. ³⁵¿Quién nos separará del amor de Cristo? ¿Tribulación, o angustia, o persecución, o hambre, o desnudez, o peligro, o espada? ³⁶Como está escrito: Por causa de ti somos muertos todo el tiempo; Somos contados como ovejas de matadero. ³⁷Antes, en todas estas cosas somos más que vencedores por medio de aquel que nos amó. ³⁸Por lo cual estoy seguro de que ni la muerte, ni la vida, ni ángeles, ni principados, ni potestades, ni lo presente, ni lo por venir.

8. Integridad No Cuestionada.

Las cosas que un hijo de luz hace pertenecen a la luz y ninguna esta encubierta ni tiene porque avergonzarle.

RV...1 Timoteo 3:8-13

⁸Los diáconos asimismo, deben ser honestos, sin doblez, no dados a mucho vino, no codiciosos de ganancias deshonestas; ⁹que guarden el misterio de la fe con limpia conciencia. ¹⁰Y estos también sean sometidos a prueba primero, y entonces ejerzan el diaconado, si son irreprensibles. ¹¹Las mujeres asimismo, sean honestas, no calumniadoras, sino sobrias, fieles en todo. ¹²Los diáconos sean maridos de una sola mujer, y que gobiernen bien sus hijos y sus casas. ¹³Porque los que ejerzan bien el diaconado, ganan para sí un grado honroso, y mucha confianza en la fe que es en Cristo Jesús.

RV. .Efesios 4 21-32.

²¹si en verdad le habéis oído, y habéis sido por él enseñados, conforme a la verdad que está en Jesús. ²²En cuanto a la pasada manera de vivir, despojaos del viejo hombre, que está viciado conforme a los deseos engañosos, ²³y renovaos en el espíritu de vuestra mente, ²⁴y vestíos del nuevo hombre, creado según Dios en la justicia y santidad de la verdad. ²⁵Por lo cual, desechando la mentira, hablad verdad cada uno con su prójimo; porque somos miembros los unos de los otros. ²⁶Airaos, pero no pequéis; no se ponga el sol sobre vuestro enojo, ²⁷ni deis lugar al diablo. ²⁸El que hurtaba, no hurte más, sino trabaje, haciendo con sus manos lo que es bueno, para que tenga qué compartir con el que padece necesidad. ²⁹Ninguna palabra corrompida salga de vuestra boca, sino la que sea buena para la necesaria edificación, a fin de dar gracia a los oyentes. ³⁰Y no contristéis al Espíritu Santo de Dios, con el cual fuisteis sellados para el día de la redención. ³¹Quítense de vosotros toda amargura, enojo, ira, gritería y maledicencia, y toda malicia. ³²Antes sed benignos unos con otros, misericordiosos, perdonándoos unos a otros, como Dios, también os perdonó a vosotros en Cristo.

Lo que éramos en la vieja naturaleza ya no lo somos más, sin embargo nuestra acostumbrada forma de vivir nos inducirá de cierta forma a antiguos comportamientos, pero la nueva naturaleza está dotada de dominio propio y de todo lo necesario para resistir al diablo para que huya o nosotros huir de las circunstancias molestas que nos pueden llevar a caer.

9. Humildad.

La humildad como atributo de Jesús es un atributo que debe ser reflejado en los hijos de Dios dado que Él a pesar de su superioridad, cuando tomó forma de hombre no estimó ser igual a Dios, sino que se despojó de su deidad por amor y obediencia.

RV.... Filipenses 2: 2-11

²Completad mi gozo, sintiendo lo mismo, teniendo el mismo amor, unánimes, sintiendo una misma cosa. ³Nada hagáis por contienda o por vanagloria; antes bien, con humildad, estimando cada uno a los demás como superiores a él mismo; ⁴no mirando cada uno por lo suyo propio, sino cada cual también por lo de los otros. ⁵Haya pues, en vosotros este sentir que hubo también en Cristo Jesús, ⁶el cual, siendo en forma de Dios, no estimó el ser igual a Dios como cosa a que aferrarse, ⁷sino que se despojó a sí mismo, tomando forma de siervo, hecho semejante a los hombres; ⁸y estando en la condición de hombre, se humilló a sí mismo, haciéndose obediente hasta la muerte, y muerte de Cruz. ⁹Por lo cual Dios también le exaltó hasta lo sumo, y le dio un nombre que *es sobre todo nombre, ¹⁰para que en el nombre de Jesús se doble toda rodilla de los que están en los cielos, y en la tierra, y debajo de la tierra; ¹¹y toda lengua confiese que Jesucristo es el Señor, para gloria de Dios Padre.*

Además en una oportunidad pablo expresa que no le es grato gloriarse más que en sus debilidades y que Dios le envío un aguijón a fin de que no se enalteciera. Lo que Dios quiere pasa pero no todo lo que pasa es porque Dios lo quiere.

RV. 2 Corintios 12

¹Ciertamente no me conviene gloriarme; pero vendré a las visiones y a las revelaciones del Señor. ²Conozco a un hombre en Cristo, que hace catorce años (si en el cuerpo, no lo sé; si fuera del cuerpo, no lo sé; Dios lo sabe) fue arrebatado hasta el tercer cielo. ³Y conozco al tal hombre (si en el cuerpo, o fuera del cuerpo, no lo sé; Dios lo sabe), ⁴que fue arrebatado al paraíso, donde oyó palabras inefables que no le es dado al hombre expresar. ⁵De tal hombre me gloriaré; pero de mí mismo en nada me gloriaré, sino en mis debilidades. ⁶Sin embargo, si quisiera gloriarme, no sería insensato, porque diría la verdad; pero lo dejo, para que nadie piense de mí más de lo que en mí ve, u oye de mí. ⁷Y para que la grandeza de las revelaciones no me exaltase desmedidamente, me fue dado un aguijón en mi carne, un mensajero de Satanás que me abofetee, para que no me enaltezca sobremanera; ⁸respecto a lo cual tres veces he rogado al Señor, que lo quite de mí. ⁹Y me ha dicho: Bástate mi gracia; porque mi poder se perfecciona en la debilidad. Por tanto, de buena gana me gloriaré más bien en mis debilidades, para que repose sobre mí el poder de Cristo. ¹⁰Por lo cual, por amor a Cristo me gozo en las debilidades, en afrentas, en necesidades, en persecuciones, en angustias; porque cuando soy débil, entonces soy fuerte. ¹¹Me he hecho un necio al gloriarme; vosotros me obligasteis a ello, pues yo debía ser alabado por vosotros; porque en nada he sido menos que aquellos grandes apóstoles, aunque nada soy. ¹²Con todo, las señales de apóstol han

sido hechas entre vosotros en toda paciencia, por señales, prodigios y milagros.

10. Compasión.

Es necesario hacer esto por genuino amor, desear de corazón sincero ver libre a los hijos de Dios no por dinero ni por vanidad, reconociendo que esto no proviene de sí mismo, sino que proviene de Dios y es un absoluto privilegio el ser instrumento de Dios para dar libertad.

RV.... Colosenses 3:12-21

^{12}Vestíos, pues, como escogidos de Dios, santos y amados, de entrañable misericordia, de benignidad, de humildad, de mansedumbre, de paciencia; ^{13}soportándoos unos a otros, y perdonándoos unos a otros si alguno tuviere queja contra otro. De la manera que Cristo os perdonó, así también hacedlo vosotros. ^{14}Y sobre todas estas cosas vestíos de amor, que es el vínculo perfecto. ^{15}Y la paz de Dios gobierne en vuestros corazones, a la que asimismo fuisteis llamados en un solo cuerpo; y sed agradecidos. ^{16}La palabra de Cristo more en abundancia en vosotros, enseñándoos y exhortándoos unos a otros en toda sabiduría, cantando con gracia en vuestros corazones al Señor con salmos e himnos y cánticos espirituales. ^{17}Y todo lo que hacéis, sea de palabra o de hecho, hacedlo todo

> *Y estando en la condición de hombre, se humilló a sí mismo, haciéndose obediente hasta la muerte y muerte de Cruz*

> *en el nombre del Señor Jesús, dando gracias a Dios Padre por medio de él.[18]Casadas, estad sujetas a vuestros maridos, como conviene en el Señor. [19]Maridos, amad a vuestras mujeres, y no seáis ásperos con ellas. [20]Hijos, obedeced a vuestros padres en todo, porque esto agrada al Señor. [21]Padres, no exasperéis a vuestros hijos, para que no se desalienten*

.

11. Confidencialidad y Confiabilidad.

La prudencia, la discreción la confidencialidad, es una premisa importante a la hora de hacer este tipo de ministerio ya que se basa en la confianza, y es definitivo entender que no es permitido ni divulgar, ni exponer al escarnio público la información que nos ha dado las personas que han sido liberadas. Ahora bien, con el permiso de la persona se puede publicar su testimonio para la gloria de Dios. No se debe cuestionar al pecador, ni señalar, ni juzgar.

12. Seguridad y convicción del Poder Otorgado y la orden de Jesús de llevar fielmente la tarea encomendada.

Jesús al iniciar el ministerio envía a los discípulos y les otorgó poder sobre los espíritus inmundo, además al inicio de su ministerio les ordena que vayan sólo a los judíos y no a los gentiles, cabe notar que este poder inclusive le fue dado a judas Iscariote. Este poder era el Espíritu Santo y como bien sabemos, Satanás entro en él.

RV...Mateo 10: 1

> *Les dio autoridad sobre los espíritus inmundos, para que los echasen fuera, y para sanar toda enfermedad y toda dolencia.*

¹Entonces llamando a sus doce discípulos, les dio autoridad sobre los espíritus inmundos, para que los echasen fuera, y para sanar toda enfermedad y toda dolencia. ²Los nombres de los doce apóstoles son estos: primero Simón, llamado Pedro y Andrés su hermano; Jacobo hijo de Zebedeo y Juan su hermano; ³Felipe, Bartolomé, Tomás, Mateo el publicano, Jacobo hijo de Alfeo, Lebeo, por sobrenombre Tadeo, ⁴Simón el canonista, y Judas Iscariote, el que también le entregó.

Este ministerio fue encomendado para ser llevado inicialmente a las ovejas perdidas de Israel.

RV...Mateo 10: 5-8

⁵A estos doce envió Jesús, y les dio instrucciones, diciendo: Por camino de gentiles no vayáis, y en ciudad de samaritanos no entréis, ⁶sino id antes a las ovejas perdidas de la casa de Israel. ⁷Y yendo, predicad, diciendo: El reino de los cielos se ha acercado. ⁸Sanad enfermos, limpiad leprosos, resucitad muertos, echad fuera demonios; de gracia recibisteis, dad de gracia.

Jesús envía de dos en dos a los discípulos dándoles autoridad sobre los espíritus inmundos.

RV…Marcos 6:7-13

⁷Después llamó a los doce, y comenzó a enviarlos de dos en dos; y les dio autoridad sobre los espíritus inmundos. ⁸Y les mandó que no llevasen nada para el camino, sino solamente bordón; ni alforja, ni pan, ni dinero en el cinto, ⁹sino que calzasen sandalias, y no vistiesen dos túnicas. ¹⁰Y les dijo: Dondequiera que entréis en una casa, posad en ella hasta que salgáis de aquel lugar. ¹¹Y si en algún lugar no os recibieren ni os oyeren, salid de allí, y sacudid el polvo que está debajo de vuestros pies, para testimonio a ellos. De cierto os digo que en el día del juicio, será más tolerable el castigo para los de Sodoma y Gomorra, que para aquella ciudad. ¹²Y saliendo, predicaban que los hombres se arrepintiesen. ¹³Y echaban fuera muchos demonios, y ungían con aceite a muchos enfermos, y los sanaban.

Jesús eligió también a otros setenta además de sus 12 discípulos, para enviarlos a su misión dándoles autoridad también y diciéndoles que rogaran por más obreros.

RV…Lucas 10:1

> *La mies a la verdad es mucha, más los obreros pocos; por tanto, rogad al Señor de la mies que envíe obreros a su mies.*

¹Después de estas cosas, designó el Señor también a otros setenta, a quienes envió de dos en dos delante de él a toda ciudad y lugar adonde él había de ir. ²Y les decía: La mies a la verdad es mucha, más los obreros pocos; por tanto, rogad al Señor de la mies que envíe obreros a su mies.

También estos setenta y dos reportaron resultados grandes en su misión.

RV.... Lucas 10:16-20

^{16}El que a vosotros oye, a mí me oye; y el que a vosotros desecha, a mí me desecha; y el que me desecha a mí, desecha al que me envió. ^{17}Volvieron los setenta con gozo, diciendo: Señor, aun los demonios se nos sujetan en tu nombre. ^{18}Y les dijo: Yo veía a Satanás caer del cielo como un rayo. ^{19}He aquí os doy potestad de hollar serpientes y escorpiones, y sobre toda fuerza del enemigo, y nada os dañará. ^{20}Pero no os regocijéis que los espíritus se os sujetan, sino regocijaos de que vuestros nombres están escritos en los cielos.

La transgresión de los judíos al rechazar a Jesús, permitió que Dios extendiera la salvación a los gentiles para provocar a su propio pueblo a celos, y por esta razón, el ministerio encomendado a Pablo se extiende a nosotros, los gentiles, y con las mismas instrucciones y ordenanzas de parte de Jesús.

RV... Romanos 11 2-14

^{2}No ha desechado Dios a su pueblo, al cual desde antes conoció. ¿O no sabéis qué dice de Elías la Escritura, cómo invoca a Dios contra Israel, diciendo: ^{3}Señor, a tus profetas han dado muerte, y tus altares han derribado; y sólo yo he quedado, y procuran matarme? ^{4}Pero ¿qué le dice la divina respuesta? Me he reservado siete mil hombres, que no han doblado la rodilla delante de Baal. ^{5}Así también, aun en este tiempo ha quedado un

remanente escogido por gracia. ⁶Y si por gracia, ya no es por obras; de otra manera la gracia ya no es gracia. Y si por obras, ya no es gracia; de otra manera la obra ya no es obra. ⁷¿Qué pues? Lo que buscaba Israel, no lo ha alcanzado; pero los escogidos sí lo han alcanzado, y los demás fueron endurecidos; ⁸como está escrito: Dios les dio espíritu de estupor, ojos con que no vean y oídos con que no oigan, hasta el día de hoy. ⁹Y David dice: Sea vuelto su convite en trampa y en red, en tropezadero y en retribución; ¹⁰ Sean oscurecidos sus ojos para que no vean, y agóbiales la espalda para siempre. ¹¹Digo, pues: ¿Han tropezado los de Israel para que cayesen? En ninguna manera; pero por su transgresión vino la salvación a los gentiles, para provocarles a celos. ¹²Y si su transgresión es la riqueza del mundo, y su defección la riqueza de los gentiles, ¿Cuánto más su plena restauración? ¹³Porque a vosotros habló, gentiles. Por cuanto yo soy apóstol a los gentiles, honro mi ministerio, ¹⁴por si en alguna manera pueda provocar a celos a los de mi Sangre, y hacer salvos a algunos de ellos.

Jesús mismo comisiona a todos sus discípulos para que discípulen y además que guarden todas las cosas que a ellos les ha encomendado, es decir, tenemos por medio de ellos el mismo encargo.

RV.... Mateo 28 16-20

¹⁶Mas si no te oyere, toma aun contigo a uno o dos, para que en boca de dos o tres testigos conste toda palabra. ¹⁷Si no los oyere a ellos, dilo a la iglesia; y si no oyere a la iglesia, tenle por gentil y publicano. ¹⁸De cierto os digo, que todo lo que atéis en la tierra, será atado en el cielo; y todo lo que desatéis en la tierra, será desatado en el cielo. ¹⁹Otra vez os digo, que si dos de vosotros se pusieren de acuerdo en la tierra acerca de cualquiera cosa que pidieren, les será hecho por mi Padre que está en los cielos. ²⁰Porque donde están dos o tres congregados en mi nombre, allí estoy yo en medio de ellos.

Pablo mismo es quien pasa a divulgar el evangelio de Cristo a los gentiles.

Hechos 22:17-21

¹⁷Y me aconteció, vuelto a Jerusalén, que orando en el templo me sobrevino un éxtasis. ¹⁸Y le vi que me decía: Date prisa, y sal prontamente de Jerusalén; porque no recibirán tu testimonio acerca de mí. ¹⁹Yo dije: Señor, ellos saben que yo encarcelaba y azotaba en todas las sinagogas a los que creían en ti; ²⁰y cuando se derramaba la Sangre de Esteban tu testigo, yo mismo también estaba presente, y consentía en su muerte, y guardaba las ropas de los que le mataban. ²¹Pero me dijo: Ve, porque yo te enviaré lejos a los gentiles.

Y por instrucción de Pablo como apóstol nos indica ser imitadores de Cristo y no juzgar a nadie por nada y guardar el corazón, Ya que Pablo mismo era imitador de Jesús.

13. Entrenamiento Espiritual, Sabiduría, Físico, Emocional, y en completa Paz.

Entrenamiento espiritual. En santidad, oración y fe.

Entrenamiento en sabiduría y ciencia. En el temor del Señor reconociendo su absoluta autoridad y poder. Con el conocimiento de su Palabra, el poder que delega en sus ministros, y el poder de su Palabra como espada.

> *Su absoluta autoridad y poder, con el conocimiento de su Palabra, el poder que delega en sus ministros, y el poder de su Palabra como espada.*

Físico. Por el desgaste en tiempo y energía física hay que estar tranquilo, no afanado y descansado. Disponer del tiempo para la obra y no dejar un trabajo a medias. Por eso debe dormir, comer bien y hacer deportes.

Emocional. Reconociendo con certeza que soy para Dios y que el trabajo que realizo para Él es: tener claridad de la importancia de la función que cumplo en su ministerio, el cual Él respalda pues es su propio ministerio.

Y en **completa paz** pues por nada debemos afanarnos. Dios siempre tiene el control.

RV....1 Corintios 2:9-15

⁹Porque también para este fin os escribí, para tener la prueba de si vosotros sois obedientes en todo. ¹⁰Y al que vosotros perdonáis, yo también; porque también yo lo que he perdonado, si algo he perdonado, por vosotros lo he hecho en presencia de Cristo, ¹¹para que Satanás no gane ventaja alguna sobre nosotros; pues no ignoramos sus maquinaciones. ¹²Cuando llegué a Troas para predicar el evangelio de Cristo, aunque se me abrió puerta en el Señor, ¹³no tuve reposo en mi espíritu, por no haber hallado a mi hermano Tito; así, despidiéndome de ellos, partí para Macedonia. ¹⁴Más a Dios gracias, el cual nos lleva siempre en triunfo en Cristo Jesús, y por medio de nosotros manifiesta en todo lugar el olor de su conocimiento. ¹⁵Porque para Dios somos grato olor de Cristo en los que se salvan, y en los que se pierden;

Reconociendo el poder de la Palabra y el poder de mi nueva condición de hijo cuya autoridad proviene de la Sangre de Jesús.

> *La Palabra de Dios es viva y eficaz y más cortante que toda espada de dos filos; y penetra hasta partir el alma y el espíritu, las coyunturas y los tuétanos, y discierne los pensamientos y las intenciones del corazón.*

RV....Hebreos 4:12

¹²Porque la Palabra de Dios es viva y eficaz, y más cortante que toda espada de dos filos; y penetra hasta partir el alma y el espíritu, las coyunturas y los tuétanos, y discierne los pensamientos y las intenciones del corazón. ¹³Y no hay cosa creada que no sea manifiesta en su presencia; antes bien todas las cosas están desnudas y abiertas a los ojos de aquel a quien tenemos que dar cuenta.

Creer en el poder de la Sangre de Cristo. Mi fe es el principal instrumento para el ministerio.

RV... Mateo 17:15-21

[15]Señor, ten misericordia de mi hijo, que es lunático, y padece muchísimo; porque muchas veces cae en el fuego, y muchas en el agua. [61]Y lo he traído a tus discípulos, pero no le han podido sanar. [17]Respondiendo Jesús, dijo: ¡Oh generación incrédula y perversa! ¿Hasta cuándo he de estar con vosotros? ¿Hasta cuándo os he de soportar? Traédmelo acá. [18]Y reprendió Jesús al demonio, el cual salió del muchacho, y éste quedó sano desde aquella hora. [19]Viniendo entonces los discípulos a Jesús, aparte, dijeron: ¿Por qué nosotros no pudimos echarlo fuera? [20]Jesús les dijo: Por vuestra poca fe; porque de cierto os digo, que si tuviereis fe como un grano de mostaza, diréis a este monte: Pásate de aquí allá, y se pasará; y nada os será imposible. [21]Pero este género no sale sino con oración y ayuno.

14. No Tener ningún Temor, Reconocer la Autoridad que le fue delegada para el Servicio.

No tener ninguna clase de miedo ya que comprendo con absoluta confianza que mayor es el que está en mí que el que está en el mundo.

No tener ninguna clase de miedo ya que comprendo con absoluta confianza que mayor es el que está en mí que el que está en el mundo.

2 Timoteo 1:7.

[7] Porque no nos ha dado Dios espíritu de cobardía, sino de poder, de amor y de dominio propio. La autoridad de la Sangre de Cristo rompe todo yugo.

Beneficios de tener un Equipo de Liberación.

I. **Estaremos cumpliendo totalmente la gran comisión:**
Si, esta es la parte de la gran comisión que se está dejando afuera; expulsar los demonios, liberar a los cautivos. Así es, cumplirla totalmente y no parcialmente como las mayorías de las iglesias están haciendo. Precisamente es lo que se persigue con este libro, ¡Equipar al pueblo de Dios!

Juan 14:12

En verdad, en verdad os digo: el que cree en mí, las obras que yo hago, Él las hará también; y aún mayores que éstas hará, porque yo voy al Padre.

Juan 20:21

²¹ Entonces Jesús les dijo otra vez: Paz a vosotros. Como me envió el Padre, así también yo os envío.

II. **Los miembros no salen a buscar ayuda afuera.**
Eso es lo que sucede ahora, muchos vienen desesperados a nuestro ministerio buscando esa ayuda. Uno de los propósitos de este libro es que usted como Pastor o líder se capacite en esta área de Liberación y atienda a las ovejas del Señor que les dio para que las cuidara y sanara.

III. **Congregación libres de demonios.**
Esto es una gran ¡bendición! Libre de Opresiones Demoníacas.

IV. **Congregación sana física y espiritualmente.**
Si, estar libre de esas opresiones demoníacas es lo que quiere Jesús, tenemos el poder y autoridad de Él a nuestro favor.

V. **Avivamiento con señales y prodigios.**
Si se ponen en práctica las enseñanzas de este libro, hay un gran porcentaje que lo que vendrá será una explosión de avivamiento, porque estas señales y prodigios estarían dándose.

Hechos 5:16

También la gente de las ciudades en los alrededores de Jerusalén acudía trayendo enfermos y atormentados por espíritus inmundos y todos eran sanados.

Deberes de los integrantes.

I. **Haber pasado por liberación.**
Esto sin excepción, Toda persona que vaya a estar en el equipo de liberación tiene que haber pasado por este proceso.

II. **Tener un llamado a este ministerio.**
Yo sentía que tenía ese llamado por mis propias experiencias de auto liberación, Dios mismo me preparó. Sólo la persona puede saber y sentir.

III. **Tener un matrimonio saludable**
Preferiblemente casado, su cónyuge puede ayudarlo cuando se presenten ataques de retaliación de los demonios. Mi esposa ha sido de gran ayuda.

> *Su cónyuge puede ayudarlo cuando se presenten ataques de retaliación de los demonios. Mi esposa ha sido de gran ayuda.*

IV. **Estar dispuesto a morir.**
Cuando digo morir es a morir de verdad, ser muerto por la causa de Cristo al entablar batalla con los demonios. Pero recuerde que no pueden quitarnos la vida así por así.

V. **Tener experiencias personales en liberación.**
Este punto es muy clave, haber sido adiestrado por el Espíritu Santo con los ataques personales en su propia vida. Esa fue mi experiencia.

VI. **Aprender a auto liberarse.**
Debe prepararse seriamente en aprender lo más rápido posible para aprender a auto liberarse, podría estar solo en un ataque personal. Esto lo vivo a diario, me mantengo en auto liberación constante.

VII. **Haber mujeres en el equipo.**
Especialmente cuando el candidato a liberar sea una mujer, Hay que cuidarse, no abrir puertas a Satanás.

VIII. **Conformarlos dos a tres.**
En cada sección debe haber no más de tres, que haya un líder, el cual va a dirigir el caso. Dependiendo el tamaño de la congregación y la opresión demoníaca se pueden hacer varios equipos.

IX. **Quien debe seleccionarlos.**
El Espíritu Santo. Se debe hacer un llamamiento a los que sientan que tienen ese llamado, Esta es la clave de la pregunta, quien sienta que Dios lo ha llamado a ese ministerio de liberación, ese debe estar.

X. **Ser estudioso de este tema.**
Debe adquirir Buenos libros, los hay, hay muchos buenos libros en este tema y por supuesto que tenga en su biblioteca todos nuestros libros, y que los estudie varias veces ya que todo lo que publiquemos es porque lo estamos practicando en nuestro ministerio de liberación Cristo Libera.

OTRAS: Lo que Dios le revele.

> *Debe prepararse seriamente en aprender lo más rápido posible para aprender a auto liberarse, Podría estar solo en un ataque personal. Esto lo vivo a diario, me mantengo en auto liberación constante.*

Deberes claves para el que va hacer liberado.

La preparación ayuda mucho en la liberación, por ejemplo haber perdonado, pedido perdón, no practicar el pecado, ayunar por lo menos tres días antes de su liberación, y en lo que más pueda haber leído estos libros de liberación, esto es clave. Si se aprende sobre liberación es más fácil ser liberado y mantener también esa liberación ya que esta debe ser diaria, mantenerla es una tarea diaria, alejados del pecado, porque Satanás anda como León rugiente buscando a quien devorar, y si se descuida puede quedar otra vez con demonios, y esto se consigue más fácil si la persona liberada aprende sobre liberación y además ayude a otro a ser libre. Este es uno de los propósitos de este libro, ¡Qué se levanten hombres de Dios agradecidos por lo que Cristo hizo por nosotros, hombres guerreros, un ejército de hombres sirviéndole a la Iglesia la cual fue comprada a precio de Sangre!

¿Cuánto tiempo dura una liberación?

Es muy variado, es recomendable máximo de 2 a 3 horas, es muy fatigado, tanto para el equipo de liberación como para el candidato, si es necesario se atan los espíritus y se para la sección para otra ocasión. Y que repita los pasos, ayunar, orar, recordar pecados anteriores, confesar, Etc.

¿Cómo apoyar este ministerio?

ORANDO. Se necesita mucha oración, si es posible que este ministerio lo pongan entre las oraciones de la iglesia, porque este es uno de los ministerios importantes y por consiguiente más atacado por el enemigo.

Lugar de la liberación.

I. Debe haber un cuarto escogido para este fin. Y además ungido con aceite si es posible.

II. Amueblado. Por lo menos para sentarse todas las personas involucradas; es posible que duren horas ministrando. hay que evitar en lo posible el cansancio físico.

III. Papeles de limpieza o rollos de papel higiénico.

IV. Agua para tomar o limpiar en caso de vómitos.

V. Canecas de basura o bolsas plásticas.

VI. Lápices, cuadernos para apuntes. Esto si desea tomar apuntes que es aconsejable para llevar un Record de personas liberadas, nombres de demonios etc.

Procedimiento en una liberación.

I. Contactar al equipo.

II. Si le es posible haber leído al menos un libro de liberación. Uno de los nuestros o cualquiera, es decir que se familiarice en liberación. Este es el objetivo.

III. Llenar el formulario de liberación que está en el libro II.

IV. Confesar pecados.

V. Perdonar y pedir perdón.

VI. Hacer cita.

¡Llegó el día esperado! ¡Hora de la liberación!

Les explicaré como normalmente lo realizamos; usted puede variarlo si gusta. Todos estamos aquí guiados por el Espíritu Santo de Dios. Antes de llegar a esta cita la persona ha llenado el formulario (está en el libro), y renunciado a sus pecados, es decir ha arreglado su vida con Jesucristo, con las demás personas y con ella misma.

¡Llegó el momento esperado de expectativa! Y más para la persona que va hacer ministrada; nerviosismo e incertidumbre. Y es por eso que por lo general les digo que se arrodillen en un rincón del cuarto por 15 a 30 minutos recordando y confesándole los pecados que no se acordaba a Jesús. Ahora bien, oramos y reprendemos por si hay algún demonio dando vueltas en el cuarto.

Pedir al Espíritu Santo que nos guie.

Oramos por protección, nos colocarnos la Armadura de Dios, nos cubrirnos con la Sangre de Jesús incluyendo nuestros familiares y propiedades y pedimos que el Espíritu Santo nos guie.

Ya sentados todos y con el cuestionario en las manos se le pide que cierre sus ojos, esto con el fin de que no se distraiga en nada.

Empiezo a expulsar todos los demonios de inmediato, generacionales, por pecados propios, destruyo las brujerías y los pactos, y que se lleven todo incluido enfermedades. (Todas estas oraciones están en el Manual Liberate), nos guiamos por revelación del Espíritu Santo y por el cuestionario. Después que terminó todo, que la persona haya sido liberada, hago un pequeño receso de 3 a 6 minutos y empiezo la segunda forma de ministración.

Ordeno, siempre en el Nombre de Jesús, que se presente cualquier demonio relacionado en esa persona, especialmente al de más alto rango, al jefe, si no sale nada es porque fue libre en la primera forma y oramos, le damos gracias a Dios por todo y nos vamos a casa, pero si se presenta, le empezaremos a hacer preguntas, nombres, cuántos son, que daños le está haciendo, donde tiene demonios, si en la esposa, hijos… Etc.

Cada respuesta que el demonio nos dé, siempre pregúntele si lo que ha dicho lo puede sustentar ante el Trono de Jehová Dios, esto con el fin de que no nos engañe, ellos son mentirosos y luego los expulsamos con todo su reino. Allí déjese guiar por el Espíritu Santo. Y así va de reino en reino, repitiendo el proceso hasta que no quede nada, si hay alguna resistencia puede preguntarle cual es el derecho legal y justifique que ese derecho legal Cristo lo quitó en la Cruz, con su Sangre. Insista en eso (vea los testimonios y procesos que están en este libro, ahí los puede notar).

Y por último expúlselos todos y le dan gracias a Dios por la liberación, entréguenle las oraciones escritas (Manual del libro Libérate) para que mantenga la liberación, limpien el lugar y ¡Para la casa! Ah no olviden, ¡CADA LIBERACION ES DIFERENTE! El que libera es Dios y no sabemos cómo va actuar.

> *Cada respuesta que el demonio nos dé siempre pregúntele si lo que ha dicho lo puede sustentar ante el Trono de Jehová Dios*

MENSAJES PARA RECORDAR

- Pero respondiendo el espíritu malo, dijo: A Jesús conozco, y se **quién es Pablo, pero vosotros, ¿Quiénes sois?**

- **Son calificados como personas especiales o** se tiende a exaltarlas más de lo debido, por lo que es necesaria la humildad en el reconocimiento de que este Don procede y pertenece únicamente al poder de Cristo Jesús en su Sangre derramada.

- En los cuales anduvisteis en otro tiempo, siguiendo la corriente de este mundo, conforme al príncipe de la potestad del aire, el espíritu que ahora opera en los hijos de desobediencia.

- Si alguno está en Cristo, nueva criatura es; las cosas viejas pasaron; he aquí todas son hechas nuevas.

- Porque habéis sido comprados por precio; glorificad, pues, a Dios en vuestro cuerpo y en vuestro espíritu, los cuales son de Dios.

- Como el Padre me ha amado, así también yo os he amado; permaneced en mi amor. Si guardareis mis mandamientos, permaneceréis en mi amor; así como yo he guardado los mandamientos de mi Padre, y permanezco en su amor.

- En esto conocemos que amamos a los hijos de Dios, cuando amamos a Dios, y guardamos sus mandamientos.

MENSAJES PARA RECORDAR
Continuación

- Si vosotros permaneciereis en mi Palabra, seréis verdaderamente mis discípulos; y conoceréis la verdad, y la verdad os hará libres.

- Como hijos obedientes, no os conforméis a los deseos que antes teníais estando en vuestra ignorancia.

- Los diáconos asimismo deben ser honestos, sin doblez.

- Por lo cual, desechando la mentira, hablad verdad cada uno con su prójimo; porque somos miembros los unos de los otros.

- Por lo cual, por amor a Cristo me gozo en las debilidades, afrentas, necesidades, persecuciones, angustias; porque cuando soy débil, entonces soy fuerte.

- De cierto os digo que todo lo que atéis en la tierra, será atado en el cielo; y todo lo que desatéis en la tierra, será desatado en el cielo.

12. COMO DESTRUIR LAS BRUJERÍAS, HECHICERÍAS MÁS COMUNES

En mi experiencia de trabajo en liberación, he encontrado muchas personas que han estado embrujados. Aproximadamente el 98% de todas las personas que Jesucristo ha liberado a través de este Ministerio de Liberación y Sanidad, les han hecho brujerías, es muy común esta práctica de ocultismo.

Las brujerías son maldiciones, rezos, conjuros o palabras hechas. Enviadas a través de objetos y otras formas, hacia una persona o animal. Los que ejecutan estas maldiciones son los demonios.

Muchas personas usan este medio, en vez de buscar una pistola para hacer daño, buscan a una persona que sepa hacer brujerías. Los embrujos más comunes que he encontrado son los realizados por medios de muñecos, fotografías, comidas, bebidas, prendas de vestir, perfumes, polvos, pactos, tierras de cementerio, dedicaciones, sacrificios de animales... Etc.

Por lo tanto hay que tener mucho cuidado; un cristiano no puede quedar embrujado debido a que Dios cuida de él, pero sí le pueden enviar estas maldiciones. El demonio no puede entrar, se puede quedar cerca de la persona, dándole vueltas. Sí abre puertas al pecado, si puede entrar ese embrujo o maldición, el cual es un demonio que cumple la orden que le fue dada. Vea los testimonios y procesos de liberación debajo de este libro.

Toda maldición o embrujo se puede cancelar o romper a través de Jesucristo.

A continuación les presentaré las oraciones o formas que personalmente uso para que las personas se liberen de embrujos. Le sugiero que si sabe o tiene sospecha que fue lo que le hicieron o dieron para embrujarle, entonces enfoque la oración hacia eso que usted sabe, sea específico y declárelo. Con FE.

12.1. Por medio de fotos y muñecos con alfileres o agujas.

Este es muy común, En todas mis campañas masivas y personales de liberación; destruyo en Nombre de Jesús los embrujos realizados por estos medios. Generalmente, las personas sienten literalmente cuando se sacan las agujas.

Testimonios.

Recuerdo un querido familiar que sufría de dolores y muchas veces la habían llevado al hospital de emergencias, ella creía muy poco en la liberación a pesar que había mirado algunas liberaciones en vivo. El último día de campaña, después de 2 meses, ella se animó a aceptar un escaneo (yo lo llamo así), para ver si había algo ahí. Ella lloraba del susto y dolor cuando empecé a destruir las brujerías y sacarles las agujas, ella sentía que le salían agujas de sus brazos, cabeza, rostro, de todas partes. Gracias a Jesucristo fue libre y desde ese momento sus dolores y enfermedades se acabaron, le habían hecho brujerías. He estado en contacto con ella y dice que desde esa vez, nunca más ha tenido migrañas ni dolores. ¡GLORIA A JESUS!

Casi siempre, después de las liberaciones masivas que realizo en iglesias, se me acercan muchas personas que me dicen que sentían cuando las agujas eran sacadas de sus cuerpos, y sus malestares se habían terminado desde que fueron destruidas las brujerías con agujas. En mi página web www.cristolibera.org puede encontrar estos testimonios.

Oración para destruir las brujerías con fotos o muñecos con alfileres.

En el nombre de Jesús, envío la espada que es la Palabra de Dios, a donde están esas fotos o muñecos. Los agarro y los llevo a un lugar Santo y limpio. En el nombre de Jesús le sacó todas las agujas o alfileres de su cabeza, garganta, boca, espalda, brazos, pecho, corazón, estómago, partes íntimas, rodillas, piernas, manos, de todo su cuerpo, no le dejo ninguna aguja ¡LISTO! ¡NO TIENE NINGUNA AGUJA!

Ahora en el nombre de Jesús le quito todos los lazos, cadenas, tierra de cementerio, o lo que le hayan puesto encima. Ahora en el NOMBRE DE JESÚS anulo y cancelo todos los rezos, conjuros, palabras de maldición que le hayan hecho. ¡LISTO, QUEDO TODO ANULADO!

Ahora en el nombre de JESÚS bendigo esa foto o muñeco. En el nombre de Jesús cancelo, deshago y rompo toda relación de ese muñeco o foto con (con usted o tal persona) ¡SE ROMPIÓ Y ANULÓ LA BRUJERÍA! Demonios de brujerías, todo se acabó, ¡AHORA EN EL NOMBRE DE JESÚS FUERA, FUERA, USTEDES NO TIENEN NINGÚN DERECHO LEGAL, FUERAAAA!

12.2. Por medio de comidas y bebidas.

También muy común, si usted sospecha de alguien, no le reciba nada.

Testimonio: Me dijeron el caso de Elvira (nombre cambiado) que tenía 12 años enferma. Con manchas en todo su cuerpo, los pies llenos de sangre, con cortaduras en los pies. Esta mujer tenía que dormir en el suelo, no podía estar en la cama, cuando salía tenía que hacerlo a espaldas de su esposo.

Cuando me lo dijeron inmediatamente la llamé por teléfono. Ella vive en otro país y como ustedes saben yo vivo en USA. Pero para Dios no hay nada imposible, la distancia no importa. En el proceso de la liberación, se descubrió el demonio, él lo confesó. Él dijo que se llamaba María Lionza, un demonio muy conocido en Venezuela, y estaba ahí por medio de brujerías, había sido enviado por medio de un jugo de maracuyá que la vecina le había dado a Elvira, el cual tomó. Desde ese entonces le empezó la enfermedad y destrucción de Elvira.

Afortunadamente Elvira es cristiana y pudo liberarse de ese demonio y de la enfermedad.

Oración para romper Brujerías por comidas o bebidas.

¡GLORIA A JESUCRISTO QUE A TRAVÉS DE ÉL TENEMOS TODAS LAS BENDICIONES, DE SER TOTALMENTE LIBRE!

¡EN EL NOMBRE DE JESÚS! rompo y cancelo todo conjuro, rezos y palabras de maldición que le hayan puestos a las comidas o bebidas que yo (tal persona) haya ingerido.

¡LISTO! ¡QUEDÓ TODO CANCELADO! Y ahora en el nombre de Jesús bendigo esa comida y bebidas.

¡LISTO! QUEDÓ ROTA Y CANCELADA ESA BRUJERIA. Por lo tanto demonios de brujerías Fuera, Fuera, no tienen ningún derecho legal ni permiso. Yo a ustedes los envío para adentro del abismo en el nombre de Jesús. *¡FUERA, FUERA EN EL NOMBRE DE JESUS!*

12.3. Brujerías por medio de prendas de vestir, uñas, pelos o partes del cuerpo, perfumes, polvos, nombre y apellidos.

Muy comunes también, hay que tener cuidado con los regalos, lo que hacemos o lo que pisamos, si nuestra ropa se pierde o se presta. He visto muchas personas embrujadas por medio de estas prácticas.

Testimonios.

Como ustedes saben, tenemos miles de vídeos de liberación en internet, mediante los cuales las personas se comunican con este ministerio. Una de esas personas fue una joven de México la cual llamaré Rosalba. Ella me comentó su trágica historia, su historia de sufrimiento. En 6 años se había intentado suicidar 7 veces, una vez se tomó de una vez más de 90 pastillas antidepresivas y se había cortado las venas. En su relato vía internet, me contó que a ella se le perdieron muchas prendas íntimas, cuando me dijo eso y vi el mal estado en el que se encontraba; le sugerí hacerle una pequeña liberación y que después, en otro día, continuábamos.

Ella aceptó de inmediato. Lo primero y único que hice ese día fue cancelarles las brujerías por sus prendas de vestir. Automáticamente se manifestaron los demonios de brujerías, los cuales se fueron mediante vómitos ¡Quedó libre! ¡GLORIA A JESUCRISTO! Su rostro cambió y hasta le dio hambre. Después otro día seguimos con más liberaciones.

Oración.

En el nombre de Jesús cancelo y rompo todo conjuro, rezos y palabras de maldición que le hayan puesto a: prendas de vestir, uñas, pelos o partes del cuerpo, perfumes, polvos, nombre y apellidos. ¡TODO SE ACABÓ DEMONIOS DE BRUJERIAS FUERA EN EL NOMBRE DE JESÚS FUERA, FUERA!

12.4. Brujerías por pactos de Sangre, o cualquier pacto demoniaco.

Por medio de sacrificios de animales y humanos, usan su sangre para realizar pactos. Estos también son muy comunes y pueden realizarse aún antes que la persona haya nacido; ya nace con un demonio el cual fue pactado por sus antepasados. Por eso es importantísimo realizar una liberación profunda.

Testimonios de liberación de pactos.

Les relato la más reciente liberación en que encontré este caso ¡Esta persona había sido pactado por el mismo padre! de hecho su padre no era cristiano y estaba practicando brujerías, gracias a Dios que el demonio confesó el motivo por el cual no se iba y se le confrontó con el Pacto de Sangre de Jesús, el cual ellos conocen muy bien, de esa manera pudo ser libre de ese espíritu maligno

. Oración.

EN EL NOMBRE DE JESÚS cancelo todos los pactos demoníacos que se hayan hecho a través de sacrificios de animales, gatos, perros, personas o de cualquier animal o pactos de cualquier forma. Todo queda cancelado por el pacto de Sangre de Jesucristo hecho en la Cruz del Calvario, este pacto de Sangre de Jesús es más poderoso que todos los pactos satánicos, por lo tanto, todos quedan anulados ante el Pacto de Jesús. Por lo tanto, demonios ¡FUERA en el NOMBRE DE JESÚS, Fuera, Fuera! Ustedes no tienen derecho legal ni permisos. ¡Fuera en el nombre de Jesús!

Oración para romper toda brujería de cualquier manera o formas.

Esta oración se hace de último; después de las anteriores, en caso de que haya alguna brujería en la persona, la cual debe anularse.

EN EL NOMBRE DE JESÚS ROMPO, CANCELO Y DESHAGO TODA BRUJERIA, REZOS, CONJUROS, MALDICIONES, rituales de sangre, oraciones, macumbas y santerías, QUE HAYAN HECHO CONTRA MI O (NOMBRE).

¡LISTO QUEDO TODO ANULADO, CANCELADO! Ahora demonios de brujerías ¡FUERA! , ustedes no tienen ningún derecho legal ni permiso sobre mí, la brujería se anuló. ¡SU TRABAJO SE TERMINÓ, FUERA en el NOMBRE DE JESÚS, FUERA, FUERA!

Formas y enfermedades comunes realizadas por brujerías

La más común es la que usan para conseguir a un ser amado, generalmente hacen amarres a la esposa, amiga, novia, Etc. Otra es para destruir negocios, familias, para que el esposo deje a la esposa y se vaya con otra persona, para que no funcione sexualmente, para enfermedades. En fin, hacen brujerías para lo que usted menos se imagina, y lo triste es que esos demonios enviados se quedan en la familia por generaciones hasta que llega alguien con el poder y en el Nombre de Jesús que los expulse.

¡**Importante!** Debido a la importancia de este tema ampliaremos este tema en el **Libro Libérate de las Brujerías.**

MENSAJES PARA RECORDAR

- He encontrado muchas personas que han estado embrujados.

- Aproximadamente el 98% de todas las personas que Jesucristo ha liberado a través de este ministerio de liberación, les han hecho brujerías.

- Toda maldición o embrujo se puede cancelar o romper a través de Jesucristo.

- Pero para Dios no hay nada imposible, la distancia no importa.

13. TESTIMONIOS Y PROCESOS DE LIBERACION

En este capítulo, especialmente en los testimonios con sus procesos, por favor analice la forma y las preguntas que le hago al endemoniado, esto con el fin de que usted se familiarice con esas preguntas y pueda usarlas cuando tenga que enfrentar al enemigo o ayudar a alguien a ser libre.

13.1. Libre de depresión crónica, ataques de pánico, enojo, odio, asma, dolores.

Este es el testimonio de María (nombre cambiado), esta fue una de las liberaciones más fuertes y difíciles, porque apenas comenzaba con el ministerio, y no sabía nada de esta joven, me la llevaron y de inmediato el demonio se manifestó ferozmente, tomando todo control de ella, y para completar, no hablaba español ni inglés, sólo en dialecto raro, era un demonio africano y no se quería ir, a pesar que le insistía. Gracias a Dios que nos guío a que el demonio escribiera, y por ahí se conoció su derecho legal, conocido este, ella se confesó, renuncio y pidió perdón al Señor y de esa manera fue libre, el problema fue que esa joven, siendo cristiana, visitó y pidió ayuda donde un brujo, ella y el novio. Gloria a Jesucristo por su gran amor y poder de liberarnos de cualquier poder del enemigo.

ESTE ES SU TESTIMONIO:

Hola mi nombre es María, me encuentro hoy Agosto son como las 5 de la tarde, estoy muy contenta luego de mi liberación, ya tiene como tres semanas de que ocurrió y aquí estoy dando mi testimonio:

Pues antes de mi liberación, Yo estaba muy desorientada, perdida, sin esperanza y sin FE. Yo no sabía lo que era la esperanza, la FE, el amor ni la paz en mi corazón, o quizás lo llegué a sentir cuando era chiquita, ya de grande, había pasado mucho tiempo de no haber sabido que era la paz en mi casa, en mi familia, con nadie y con nada.

Ahora tengo mucha paz interior, ya no le tengo miedo, pues no a la obscuridad, pero si a la noche, a esas cosas raras que me pasaban antes, que yo sé que a mucha gente también le pasa, antes yo pensaba que era nada más yo, pero ahora que me abrí y busque ayuda, sé que hay muchas personas como yo y sé que hay muchas que se han liberado, en el nombre de Jesucristo, se han liberado así como yo, y tienen esta paz que siento. Bueno pues les voy a contar como era antes, debido a que ya no más soy así.

Continuación del testimonio...

- **Pastor:** Interesante, porque tú eres Cristiana, una mujer Cristiana que ama a DIOS, ¿Y aun así tenías esos problemas?
- **María**: Sí

- **Pastor:** ¿Cómo te animaste a pedir ayuda? ¿Quién te habló para que buscaras ayuda?
- **María:** Pues un día normal, como todos, yo llorando por mi depresión, porque así eran mis días antes, me la pasaba llorando, me la pasaba mal, y bueno, sin mentir lloraba casi las 24 horas del día, si estaba despierta cinco, tres lloraba, así era mi vida. Un día llegó un amigo, y él conocía al Señor, él llegó a mi trabajo y con una cosita que me dijera a mí, yo me desvanecía y empezaba a llorar y bueno, él se tocó el corazón y con un simple abrazo, él me ayudó mucho, me ayudó mucho, ese abrazo que me dio y pues de ahí el me empezó a llevar a grupos de superación personal, pero más que nada encontré ayuda en el Señor, con Dios que fue donde más me refugié, Él me ayudó mucho a estar conmigo para animarme, pero ya que yo dejaba de andar en actividades y en ocuparme, ya hacía de cuenta que volvía a mi vida, sino que eso eran como escapes a mi realidad, pero ya no quería eso más, entonces de repente él me decía ¿Qué es lo que tienes mujer? Porque ya me había desahogado con él, ya iba a grupos, ya hacia actividades y nada me llenaba.

Continuación del testimonio

- **María**: nada me completaba, entonces él ya desesperado por verme tan mal; un día estaba bien, otro día estaba mal, otro día estaba bien, y así me la pasaba, un día así era mi vida, llenos de temores, llenos de miedo, hasta tenía miedo de sentirme bien. Después de la liberación si me sentí bien, me sentí como rara, pero era porque hacía mucho tiempo que no tenía paz, ya hacía mucho tiempo que no estaba bien conmigo misma, después fui a un campamento maravilloso también cristiano.

- **Pastor:** María, hablando del punto de la liberación ¿De cuántos demonios te liberó Dios?

- **María:** De seis, y estaba desde hacía bastante tiempo, pero tampoco lo podemos entender mucho, porque no hablaba español.

- **Pastor:** Si, era un demonio, donde el lenguaje del demonio no era, ni inglés, ni español, sino el lenguaje africano, era africano, y lo digo porque yo era el que estaba ahí contigo y el demonio no podía expresarse, no podía escribir, e inclusive lo hicimos escribir y escribió un nombre raro, lo principal aquí es que nuestro señor Jesucristo liberó a María, ahora María es una mujer nueva en el Señor.

- **María:** Si, así como dice Dios, y como nos quiere Dios, de gozo en gozo.

Continuación del testimonio

- **María:** Aunque seamos cristianos va a haber problemas, pero ya sabemos por lo menos cómo enfrentarlos, como decirle a cualquier ataque demoniaco que no tienen nada conmigo, tienen que irse, con la Palabra de Dios se puede y ustedes también pueden ser libres.

- **Pastor:** En tu caso ¿Qué recomiendas como joven? ¿Qué recomendarías a las personas de tu edad, menores o mayores que tú? que si sienten algo raro en su cuerpo o en su comportamiento, que no es normal, que sientan que hay un poder sobrenatural en ellos, que les hacen hacer cosas que no deben ser, tú ¿Qué les dirías? Que se animen a buscar ayuda, una liberación ¿qué les dirías?

- **María:** Claro que si yo los animo a que busquen a personas que sepa de liberación y busquen liberarse, porque claro, hay que ir a la iglesia, claro que sí, pero esto te ahorra años de sufrimiento, te ahorra años de seguir mal, esto te libera, para mí fueron dos horas y algo, te liberas en un día, eso es increíble, que lo que tú has vivido por años, te lo liberen en un día... es algo maravilloso, algo hermoso porque de aquí en adelante yo se que mi vida ha cambiado, va a seguir cambiando y va a seguir con cosas hermosas y gozosas y todo va a estar bien, ya no más voy a sufrir como sufrí, ya no más ...NO, todo lo hago enfocándome en CRISTO.

Autor: Roger D Muñoz

Continuación del testimonio...

- **Pastor:** Ok, muchas gracias María, esto que estamos haciendo es para expandir el reino de Dios, tú nos das permiso para colocar este video en YouTube para que la gente se pueda beneficiar de este testimonio, de que el poder de DIOS, el poder de JESUCRISTO, es tremendo, es poderosísimo, pero que también hay demonios, que mortifican, incluso a cristianos ¿Ok? ¿Nos das permiso para colocar este video en YouTube?

- **María:** Si claro, otra cosas que les quiero compartir es de que yo antes, no reía, yo de chiquita era muy activa, o sea me la pasaba haciendo cosas buenas y cosas así, era súper risueña, todo era positivismo y después me volví todo lo contrario, era una persona súper negativa, a todo le tenía o le decía un pero, un no, donde todo era no, no gracias, no y cosas así, ahora aunque vaya manejando me voy riendo, es algo maravilloso que me ha pasado.

- **Pastor:** Gloria a JESUCRISTO, toda la honra. Que Dios te siga bendiciendo María, toda la honra y Gloria para Nuestro Señor Jesucristo. Amén.

13.2. Proceso de liberación de Pacto de La Piel de Sapa.

Analice este proceso.

Satanás usa cualquier medio para destruir al ser humano y no se escapan los medios de comunicación como son los televisivos, novelas... Etc. En esta liberación se ve claramente como es liberada una persona de un demonio que había entrado por medio de una oración o pacto que se dijo en una novela, fue la novela "La Piel de Sapa" aclaro que yo nunca la vi ni escuche, esta persona siendo muy niño la vio y repitió el pacto en su inocencia, pero, desde ese momento le entró ese demonio de pacto.

En este caso el demonio se manifestó hablando, este es el proceso de liberación.

PROCESO DE LIBERACION - Testimonio

- **Roger:** ¿Demonio cómo te llamas?

- **Demonio:** Déjame.

- **Roger:** ¿Cómo te llamas?

- **Demonio:** Déjame.

- **Roger:** ¿Tienes derecho legal de estar ahí?

- **Demonio:** Si

- **Roger:** ¿Cuál?

- **Demonio:** Él hizo un pacto

PROCESO DE LIBERACION – Piel de Zapa Continuación

- **Roger:** ¿Cuál pacto?

- **Demonio:** Él hizo un pacto
- **Roger:** ¿Cuál?

- **Demonio:** Él de la Piel de Sapa
- **Roger:** ¡Explícate!

- **Demonio:** Leyó la historia de La Piel de Sapa donde hacen pactos con el diablo, él hizo el mismo pacto, él no sabía lo que estaba haciendo, El mismo pacto de la novela de la Piel de Sapa, él lo hizo, y no lo vas a romper Jejeje (risas).

- **Roger:** ¿Que pidió el?

- **Demonio:** El pidió de todo, de todo, cosas... todo, todo, todo, era un niño, era un niño católico... JEJEJE (risas).

- **Roger:** Lo que has dicho ¿Lo puedes sustentar ante el trono de Jehová Dios?

- **Demonio:** Claro que sí. Es verdad, es verdad. Él lo sabe, él lo sabe.

- **Roger:** Tienes razón, Si tú estás ahí es porque tienes razón, un pacto es un pacto, ese es tu derecho legal.

- **Demonio:** Entonces para qué preguntas, déjame tranquilo, me voy para mi hueco.

PROCESO DE LIBERACION – Piel de Zapa Continuación

- **Roger:** No. En el nombre de Jesús no todavía, ¿Que daños le estás haciendo?

- **Demonio:** No le hago daño, soy yo quien le ha dado todo.

- **Roger:** Un pacto es un pacto y tú lo estas cumpliendo, estos son para cumplirlos. Tú estás ahí para cumplirlo.

- **Demonio:** Si le he dado todo, él es inteligente, JEJEJE

- **Roger:** Ok Sapote en el nombre de Jesús te vas para atrás, voy a hablar con Pedro. Llamo al espíritu humano de Pedro, sal afuera.

- **Demonio:** Me voy para el hueco.

- **Roger:** Si vete. ¿Pedro oíste lo que dijo el demonio?

- **Pedro:** Sí, pero yo era un niño, ni me acordaba de eso, sólo fue una novela.

- **Roger:** Pídele perdón a Dios en el Nombre de Jesús por ese pacto y renuncia a ese pacto y dile al demonio que el pacto de Sangre de Jesús en la Cruz del Calvario anula ese pacto.

- **Pedro**: (Confesó)

PROCESO DE LIBERACION – Piel de Sapa Continuación

- **Roger:** ¿Demonio oíste?

- **Demonio:** ¿Así de fácil ah? ¿Ah?

- **Roger:** Un pacto es un pacto, es para cumplirlo, mi Señor Jesucristo, su pacto anuló el tuyo, ese es mi Señor. ¿Ya oíste?

- **Demonio:** Sí

- **Roger:** ¿Tienes derecho legal de estar ahí?

- **Demonio:** Sí

- **Roger:** ¿Si?

- **Demonio:** No

- **Roger:** Así es no tienes derecho legal de estar ahí, tu pacto se rompió, fuera de ahí inmediatamente y te vas para el abismo en el Nombre de Jesús. Nunca jamás regresarás a este hombre ¡Fuera! ¡Fuera! ¡Gloria a Jesucristo, eres libre!

13.3. Proceso de liberación del demonio de la Santa Muerte

Esta liberación fue realizada por internet desde nuestra sede en USA a México, esta vez a una joven, Ana (nombre cambiado), la cual estaba sufriendo de miedo, terror, ansiedad y locura. Había ido muchas veces a hospitales y se había intentado suicidar cortándose las muñecas más de siete veces. Después de expulsar muchos demonios, se quedó de último uno que se resistía a irse, se encontró que ella había hecho un pacto con ese demonio muy conocido en México llamado la Santa Muerte, la cual adoran millones de mexicanos, hasta con procesión y todo, he aquí el proceso de liberación. Gracias a nuestro señor Jesucristo que en Él siempre hay victoria, le damos toda la honra y gloria solo a Él.

PROCESO DE LIBERACION–Demonio de la Muerte

- **Pastor:** ¿Hizo un pacto contigo?

- **Demonio: Si**

- **Pastor:** ¿Qué pacto hizo?

- **Demonio: Si**

- **Pastor:** ¿Hizo un pacto contigo?

- **Demonio:** Ella me iba a pedir siempre, en todo momento, me prometió que cuando su hijo fuera grande también lo haría, por eso es mía.

Continuación del testimonio

- **Pastor:** ¿Tú eres el demonio Santa Muerte?
- **Demonio:** Si, Ella es mía, ¿Si lo entiendes?
- **Pastor:** Te estoy escuchando, te estoy escuchando, entiendo los pactos, sé que los pactos son para cumplirlos, ella cometió un pecado grande, eso lo entiendo perfectamente, los pactos son para cumplirlos, lo entiendo. ¿Lo que tú estás diciendo lo puedes sustentar en el trono de Jehová como verdad?
- **Demonio:** Así es
- **Pastor:** OK ahora yo voy hablar con esta niña, tú te vas para atrás en el nombre de Jesús, voy hablar con ella.
- **Pastor:** Lo que dice este demonio ¿Es verdad?
- **Ana:** ¿Cómo?
- **Pastor:** ¿Lo que dice el demonio es verdad de que hiciste un pacto, le entregaste a tu hijo?
- **Ana:** Sí
- **Pastor:** ¿Usted que dio en el pacto? ¿Qué le entregaste? o ¿Qué paso?
-
- **Ana:** Yo le pedí a la Santa Muerte desde antes que naciera mi hijo. A mí me decían que yo no podía quedar embarazada, yo le pedí a la Muerte y a las dos semanas supe que quede embarazada, entonces yo le prometí, que mi hijo también lo iba a hacer.

PROCESO DE LIBERACION – Demonio de la Muerte

- **Pastor:** ¿Cuándo fue esto?
- **Ana:** Fue hace unos 8 años

- **Pastor:** Tú no conocías más nada de Jesucristo, no conocías la palabra de Dios.
- **Ana:** No, yo traía una cadenita con la imagen de la Santa Muerte.
- **Pastor:** Ok, estoy grabándolo todo, porque hay mucha gente que están, Dios mío están errados, están confundidos, están... que error en México, que error, cometiendo pactos con demonios, Muerte y esas cosas.
- **Pastor:** ¿Ese fue el pacto con la Santa Muerte? Son problemas.
- **Ana:** Si

- **Pastor:** Ok cierra los ojos, tú ya estás con el Señor, tú eres de Cristo también. Cierra los ojos. En el Nombre de Jesús, le hablo al demonio, Santa Muerte, que está ahí, sal de esa obscuridad, te postras de rodillas ante el trono de Jehová Dios inmediatamente, ¿Estás ahí? ¿Muerte estas ahí?

- **Demonio:** Sí

PROCESO DE LIBERACION – Demonio de la Muerte

- **Pastor:** Muerte ¿Ya oíste? ¿Tienes derecho legal aun ante esta mujer? Responda, en el Nombre de Jesucristo. Muerte ¿Estabas ahí por el pacto que esta mujer hizo? Los pactos son para cumplirlos, ¿Correcto?
- **Demonio:** Así es

- **Pastor:** ¿Pero ya oíste a esta mujer?, esta mujer quedó perdonada, ese pacto que hizo esta mujer contigo, ya sabes que se anuló ¿Lo entiendes? ¿Lo entiendes? Tú eres un demonio de alto rango que está en México actuando fuertemente, debes conocer bien la Palabra de Dios, de hecho la culpa no es tuya, la culpa es de la persona, gente pecando haciendo cosas que no debe de hacer, que van en contra de la Palabra de Dios, tú lo que haces es cumplirlo y que tu trabajo es matar, robar, destruir, el problema es la gente, la misma gente pecando. Tú eres demonio de alto rango en México ¿No?

- **Demonio:** Sí

- **Pastor:** ¿Tienes mucha gente que te sigue en México?
- **Demonio:** Demasiada.

PROCESO DE LIBERACION – Demonio de la Muerte

- **Pastor:** Ante la gente ¿Qué tienes que decir a la gente? Algo en favor de Cristo, ¿Tú qué quieres decirle a la gente? Te estoy grabando demonio de la Muerte. ¿Qué le dirías a la humanidad?
- **Demonio:** Jesús es el Camino

- **Pastor:** ¿Qué más?
- **Demonio:** Si tanto creen en su Dios ¿Por qué me buscan a mí?

- **Pastor:** Así es
- **Demonio:** ¿Por qué me buscan?

- **Pastor:** Así es, buena pregunta la que haces.
- **Pastor:** Es la gente, el pecado, es la ignorancia de la gente, es el pecado, es la ignorancia del mundo entero.
- **Pastor:** Así es, para hacer el mal.
- **Demonio:** Así es.

- **Pastor:** Que pena con Jesucristo, ¿Algo más que quieras decirle a la gente Santa Muerte? antes de irte, y a la gente
- **Demonio:** Sí
- **Demonio:** Que no jueguen conmigo... no jueguen conmigo.

PROCESO DE LIBERACION – Demonio de la Muerte

- **Pastor:** ¿Qué más? se explicitó con la gente
- **Demonio:** Me buscan sólo para cumplir caprichitos, esto no es así.

- **Pastor:** Por ejemplo, ¿Qué es lo que más te busca la gente de México, que es lo más común?
- **Demonio:** Me piden para que regrese la persona, o que les vaya bien en un negocio. O negocio sucio. Pero yo soy muy celosa, yo quiero sólo que me adoren nada más a mí, a ningún otro dios.

- **Pastor:** Así es, ¿Tú tienes más demonios en esta mujer, tú tienes más demonios en ellos?
- **Demonio:** El suicidio, la ruina, problemas familiares, enfermedades, es lo que tengo yo con ella.

- **Pastor:** ¿Y en el hijo?
- **Demonio:** Que corra con la misma suerte que la madre.

- **Pastor:** Ok, demonio de la Muerte, primero que se vayan todos los demonios que tienes tú en tu reino, tanto en esta mujer, también como en el niño, inmediatamente, en el Nombre de Jesús salgan inmediatamente, tú te quedas demonio de la Muerte por ahora.

PROCESO DE LIBERACION – Demonio de la Muerte

- **Pastor:** de último, tú te quedas ahí, en el Nombre de Jesús, desocúpenla, a ella y al niño, en el Nombre de Jesucristo mi Señor, ¿Ya obedecieron Muerte? Ni uno solo se queda de tu reino ahí Muerte, Muerte ¿Todos se fueron ya? En el nombre de Jesús responda sí o no Muerte ¿Se están yendo?

- **Demonio:** Sólo algunos.

- **Pastor:** Haz que se vayan en el Nombre de Jesús también ¿Estás tú sólo ahí Muerte?

- **Demonio:** Somos pocos.

- **Pastor:** Ok, en tu reino ¿Todos se fueron ya? ¿Todavía hay más de tu reino?

- **Demonio:** Ya no.

- **Pastor:** Ok. Tanto en ella, como en el niño ¿Ya no hay más demonios de tu reino?

- **Demonio:** No (moviendo la cabeza).

- **Pastor:** No hay más ¿Lo puedes sustentar ante el trono de Jehová?

- **Demonio:** Sí (moviendo la cabeza).

PROCESO DE LIBERACION – *Demonio de la Muerte*

- **Pastor:** Ok, demonio de muerte ¿Al lado tuyo hay más reinos aparte de tu reino? ¿Hay varios líderes ahí, demonios fuertes ahí? ¿O estás tú solo?
- **Demonio:** Estoy yo solo.
- **Pastor:** ¿Lo puedes sustentar esto ante el trono de Jehová que dices la verdad?
- **Demonio:** Sí (moviendo la cabeza).

- **Pastor:** Ok, ante este, en el nombre de Jesús te ordeno yo que recomiendes el camino que hay que seguir sólo a Jesucristo ¿Correcto?
- **Demonio:** Sí.

- **Pastor:** Que busquen sólo a Jesucristo, a mí Señor, que es el Camino. Ok, demonio de la Muerte ¿Ya estás listo para irte Muerte? ¿Estás listo para irte de esta mujer y su familia? ok, vete de ahí en el Nombre de Jesús para siempre, en el Nombre de Jesús, se acabó la pesadilla de esta mujer, para siempre, ella es libre. Ahora es libre, Ana, eres libre en el nombre de Jesucristo, no debe quedar nada ahí. ¿Ok? ¿Hay algún demonio asociado con Ana ahí? Ok. Tranquila Ana. Ahí… sólo hablo con Ana. ¿Cómo estas Ana?

- **Ana:** Me siento más tranquila, estaba muy nerviosa, pero ya estoy un poco mejor.

PROCESO DE LIBERACION – Demonio de la Muerte

- **Pastor:** Dele gracias a Jesucristo, pero a Cristo hermana.
- **Ana:** Así es.
- **Pastor:** ¡Déselas!
- **Pastor:** Dele gracias a Jesucristo... repite. Soy de Jesucristo.

- **Pastor:** La Sangre de Jesús me compró.
- **Ana:** La Sangre de Jesús me compró

- **Pastor:** Dele las gracias a Jesucristo porque te liberó.
- **Ana:** Gracias Dios mío, por haberme liberado.

- **Pastor:** Di, gracias a Jesucristo
- **Ana:** Gracias a Jesucristo, gracias porque soy libre, porque a partir de ahora soy una mujer distinta, porque soy una nueva criatura, gracias porque perdonaste todos mis pecados, anulaste ese pacto que yo tenía con la Santa Muerte y así mismo, le quitaste la maldición a mi hijo, esa maldición desde antes que el naciera, gracias Padre, confío en ti Señor, gracias Señor Jesús.

13.4. Testimonio y proceso de liberación de la Diabetes Tipo 2

Son miles de personas que están sufriendo con la diabetes, como es una enfermedad muy común, por eso se coloca en este libro.

Nota: Debido a que esta enfermedad de la diabetes es una de las más populares en este siglo, hemos decidido colocarla en nuestro próximo libro **Libérate de las enfermedades** con su respectivo proceso de sanación; por lo pronto estudien este corto proceso de liberación, como se saca ese demonio de la Diabetes.

PROCESO Y TESTIMONIO DE LIBERACION – DIABETES

Pastor. Hoy estamos a nueve de setiembre el 2014, Hermano porque tú solicitas liberación.

Pedro. Tengo diabetes, tengo 24 años, y toda la familia de mi papá es diabética, y ya tengo un hijo y la verdad pues yo quisiera disfrutar a mi hijo, pero en la roca que se llama Jesucristo, entonces yo también quiero, yo veo que muchos pastores tienen diabetes, entonces yo digo, son pastores y adoran a Dios y me dicen que Dios lo sano por fe, es decir no se ve, no es que sea un incrédulo, yo pienso diferente, tengo la idea diferente de eso, de que si Dios te sana es porque, ya se fue esa diabetes, y no, sin embargo siguen ellos, por ejemplo muchos dicen ¡Ay mi diabetes!, y abrazan su enfermedad, yo quiero ser sano de la diabetes; mi mamá es líder de intercesión y no ha podido conmigo, más sin embargo, sí con mucha gente, más no conmigo, y tiene diabetes también, ella me preocupa, quiero disfrutarla, mi papá murió en el 2009 y la verdad quisiera yo, quiero disfrutarla en lo más, pero ahorita cuando ganó un poco de dinero, o sea, llegan las deudas y se va para abajo, si yo le puedo decir que ganó mil pesos mexicanos me sobran cien nada más o cincuenta pesos para la semana, y así ando porreando como se dice vulgarmente aquí, es que quiero cambiar mi vocabulario, quiero ser una persona de bien, responsable, trabajar en la obra de Dios, sin embargo, ¿Si eso Dios me lo permite verdad? Y la verdad quiero ser diferente, quiero poder testificar que esa diabetes tiene cura y que se llama Jesucristo.

PROCESO Y TESTIMONIO DE LIBERACION – DIABETES

- **Pastor:** Amen, amen. Ya con esa introducción tuya, más o menos completa, gracias al Señor, vamos a tu liberación Hermano. Estamos a Sep. 9/2014 en Seattle Washington, en los Estados Unidos, mi Hermano se encuentra en Cancún México, usando el internet la tecnología para gloria de Jesucristo.

  A todos, a todos los demonios que están en ese hombre les hablo en el Nombre de Jesús, especialmente al del más alto rango. Al demonio más poderoso le ordeno que salga de esa oscuridad, de ese hueco y se coloque de rodillas ante el trono de Jehová Dios. ¿Demonio estás ahí?

  Demonio: Sí.

- **Pastor:** ¿Tú estás ahí por el pecado que él cometió esa fue la puerta? Por eso estás dentro de este hombre, tú has venido a robar, matar, y destruir, esa es tu naturaleza, pero fue por el pecado, ofendió al Señor. Porque el Señor. Es Santo, Santo, Santo, así es. ¿Desde cuándo estás en este hombre?

- **Demonios:** Desde niño, él tenía quince años.

- **Pastor:** ¿Y qué pasó en la vida de este hombre hace quince años?

- **Demonios:** Veía pornografía.

PROCESO Y TESTIMONIO DE LIBERACION – DIABETES

- **Pastor:** Error de este hombre, error de este hombre. ¿Cuántos demonios tienes tú en tu reino? En el nombre de Jesús ¿Cuántos?

- **Demonio:** 163

- **Pastor:** ¿Estás diciendo la verdad delante del trono de Jehová?

- **Demonio:** No, jajaja (risas).

- **Pastor:** Di la verdad en el nombre Jesús

- **Demonio:** Somos 8 poderosos y no nos vamos a ir

- **Pastor:** Juras ante el trono de Jehová que son 8?
- **Pastor:** ¿Demonio tu eres el jefe de ahí?

- **Demonio:** Sí. Soy la diabetes, risas.

- **Pastor:** -¿Quieres darle un mensaje al mundo entero sobre la diabetes y como entran ustedes?

- **Demonio:** Nosotros trabajamos y entramos por medio de la gula, cuando no cuidan el templo de Dios, ¿Me entiendes? Allí nos abren puertas pastores,

PROCESO Y TESTIMONIO DE LIBERACION – DIABETES

gente normal y no me voy a ir de él.

- **Pastor:** Ok, tú tienes mucho demonios en este hombre ¿Y a su familia cuántos tienes?
- **Demonio:** si son seis.

Reflexión

Hermano lector usted puede darse cuenta que casi siempre hay lideres con varios reinos.

Lucas 8

- *³⁰ Y le preguntó Jesús, diciendo: ¿Cómo te llamas? Y él dijo: Legión. Porque muchos demonios habían entrado en él.*
- *³¹ Y le rogaban que no los mandase ir al abismo.*

- **Pastor:** ¿Puede sustentar ante el trono de Jehová que dices la verdad?
- **Demonio:** Sí

PROCESO Y TESTIMONIO DE LIBERACION – DIABETES

Pastor: ¿Diabetes que otro daño estás haciéndole a este hombre?

- **Demonio:** Que no regrese ante Dios, que fornique y que sus deseos de la carne sean muy fuertes, lo he engatusado muy fácil, nos dedicamos a oprimir.

- **Pastor:** ¿Ese es el trabajo de ustedes, pero la puerta fue el pecado?

- **Demonio:** Sí.

- **Pastor:** Porque ofendió al Santo porque él es Santo, Santo, Santo. ¿Tu nombre es diabetes?

- **Demonio:** Soy el espíritu más famoso y más conocido, yo destruyó y no me pueden sacar.

- **Pastor:** Tú eres uno de los demonios más conocidos del mundo entero.

- **Demonio:** Y fuerte.

- **Pastor:** Diabetes tu eres un demonio fuerte, entonces conoce la palabra de Dios, tú sabes que Jesucristo pago con su sangre por este hombre.

- **Demonio:** Sí, pero él es por el pecado, yo tengo derecho a él, así que no me voy a ir.

PROCESO Y TESTIMONIO DE LIBERACION – DIABETES

- **Pastor:** Escúchame bien, parece que no has entendido, este hombre le pidió perdón a Dios, y si le pide perdón sus pecados son perdonados, el Señor le perdonó, bien, así que por el pecado tú estabas ahí, ya desapareció, ha sido quitado, así que el trabajo de ustedes se acabó. Jesús ya pago por este hombre. Diabetes, dile a tus demonios que empaquen y que recojan todo y se marchen para siempre en el nombre de Jesús.
- **Pastor:** ¿Diabetes todos los demonios se fueron ya, cuantos quedan?
- **Demonio:** Quedan seis.
- **Pastor:** Jesús su Sangre derramó ¿Sí o no?
- **Demonio:** Sí, sí, yo estuve ahí.
- **Pastor:** Ok, entonces los seis demonios que están ahí se van para siempre en el Nombre de Jesús
- **Pastor:** ¿Diabetes está tu solito ahí?
- **Demonio:** No
- **Pastor:** -¿Puede sustentar ante el trono de Jehová?
- **Demonio:** Sí
- **Pastor:** Sal de este hombre de una vez para siempre.
- **Demonio:** No, no (gemidos).
- **Pastor:** ¡Eres libre hermano!

PROCESO Y TESTIMONIO DE LIBERACION – DIABETES

- **Pastor:** Abre los ojos Hermano.
- **Pastor:** ¿Cómo éstas Hermano?
- **Pedro:** No sé, pero me comenzó a temblar bien feo el cuerpo.
- **Pastor:** Dele gracias a Jesús Hermano.
- **Pedro:** Gracias Jesús, gracias Jesús, Cristo vive Hermano y es tan maravilloso, yo pensé que estaba perdido, no creí en lo que usted hacía, no es brujería, ni nada, hay me siento tan rico, tan liviano, siento que me bañaron, como un bebé (risas). Doy gracias a mi Señor Jesús que me liberó, yo era incrédulo, la verdad, gracias Dios por usted; en las iglesias están cegadas no se puede liberar por ellos mismos, ellos están yendo a un camino incorrecto, porque somos una iglesia, en la iglesia habita la presencia de Dios, pero también hay pastores enfermos, ellos necesitan liberación.

"Ahora continuamos con la misma liberación pero aparece otro reino demoniaco llamado brujería"

Continuación del proceso de liberación ahora brujería

- **Pastor:** Hermano cierra los ojos, alza bien la cara ok, en el Nombre de Jesucristo, tranquilo, tú tranquilo, llamó al demonio de Santa Muerte, ¿estás ahí?

- **Pastor:** ¿Quién eres tú en el nombre de Jesús? Estas por el pecado que este hombre cometió.

- **Demonio:** Sí

- **Pastor:** ¿Qué pecado fue? ¿Brujería?

- **Demonio:** Sí

- **Pastor:** ¿Cómo entraste en este hombre, fue por comidas, o qué?

- **Demonio:** No

- **Pastor:** Le hicieron muñeco a este hombre.

- **Demonio:** Sí

- **Pastor**: ¿Tú sabes que tu tiempo se acabó? ¿Tienes que decir algo a la gente, antes de irte?

- **Pastor:** Ok, recoge todo empaca todo de este hombre, ni enfermedad, ni en él, ni en su familia, ni en su trabajo, en el Nombre de Jesús, fuera para siempre, este hombre queda libre, fuera y para siempre. Cancelo en el Nombre de Jesús toda brujería, todo conjuro, todos los rezos, toda palabra de maldición que le hayan hecho a este hombre a través de muñecos, fotos, comida o bebida, ahora los cancelo todos, todos.

- **Pastor:** -¿Puede sustentar ante el trono de Jehová?

- **Demonio:** Sí

Continuación del proceso de liberación ahora brujería

- **Familiar:** Hermano, quiere apagar la computadora.

- **Pastor:** Te ordeno en el Nombre de Jesús que no apagues la computadora, te ordeno en el Nombre de Jesús, se acabó tu trabajo en este hombre, fuera de ahí, no tienes derecho legal en este hombre.

- **Pastor:** ¿Por qué apagaste el monitor?

- **Demonio:** No quiero irme de aquí, no estoy de acuerdo y no me voy a ir.

- **Pastor:** Tú sabes que el Sr. Es Santo, Santo, Santo.

- **Demonio:** Ya cállate, me está quemando. Yo soy brujería, no te acuerdas de mí, soy muy bonito.

- **Pastor:** Prende la cámara en el nombre de Jesús.

- **Pastor:** Estamos ante el trono del Altísimo, el Supremo. Brujería tú estás ahí porque te enviaron, con un muñeco, que hicieron con el muñeco? Dilo en el Nombre de Jesús, le pusieron lazos, agujas, ataduras? tú sabes que a este hombre le pertenece Jesucristo, la única forma que te vayas es que toda la atadura se rompa y eso es lo que se va a ser ahora, Jesucristo pagó un precio de Sangre, envío la espada de Dios, en donde está enterrado ese muñeco y con la punta de la espada le quito todo lo que le colocaron encima, cadenas, lazos, le saco todos las agujas, se las quito de la cabeza, del cuerpo y le quito todo, cancelo todos los conjuros, rezos, todo trabajo demoníaco,

Continuación del proceso de liberación ahora brujería

Pastor: Todo lo cancelo, en el Nombre de Jesús, lo limpio totalmente, rompo toda relación de ese muñeco con este hombre y ahora queda un simple muñeco y con la punta de la espada rompo ese muñeco, lo destruyo totalmente, se acabó demonio, recoge todo y te vas en el Nombre de Jesucristo, fuera de ahí, este hombre es libre, fuera de ahí.

- **Pastor:** Di soy de Jesucristo.
- **Pedro:** Soy de Jesucristo, la sangre de Jesús me compró, gracias Jesús por liberarme. Amén.
- **Pastor:** ¡Eres libre!

Pedro: Amén Hermano, yo quería hablar pero no podía, cuando quería apagar la computadora, quería impedirlo pero no me dejaba, me estaba oprimiendo, lo único que sé es que Dios me liberó. Antes de orar, sentía un dolor horrible en la espalda, como dos huecos, pero me dolía bastante, estoy sintiendo la paz de Cristo.

- **Pastor:** El pecado es real, la brujería real, es tremendo.
- **Pedro:** Sí, nunca había sentido esto, siempre oraban por mí, no pero no sé qué me pasó, mi carne se movía, estoy consciente pero no me dejaban hablar, así me sentía, yo escuchaba, pero el que obedecía era el otro.

Continuación del proceso de liberación ahora Ruina

Pastor: Es una realidad, es una realidad.

- **Pastor:** Demonio de ruina estás ahí, en el Nombre de Jesús ¿Quién está ahí?

Pastor: En el nombre de Jesús ¿Quién eres tú demonio? Demonio de la ruina, eres un demonio muy ocupado en el mundo entero. ¿Tienes algo que decir a la gente ruina? ¿Ruina tú estás por pecados en este hombre? Las consecuencias las sufre porque Dios es Santo, ok demonio, tú sabes que este hombre fue perdonado en el Nombre de Cristo, ok recoge todo en este hombre, todo incluso las deudas, todo, en el Nombre de Jesucristo y los demonios que hallas puesto en su familia, acreedores, y si alguno le debe plata, esa plata se le va devolver en el Nombre de Jesús, ¿Está claro? Todos fuera de la vida de este hombre, libre de deudas, Jesús compró la vida de este hombre con su propia sangre, todos fuera de ahí y la Sangre Jesucristo es suficiente, todos fuera de sus bolsillos, de su cartera, de donde estés ubicado demonio, este hombre queda libre, fuera, fuera de ahí en el Nombre de Jesús de Nazaret.

- **Pedro**: Ciento cada vez que me quitan más peso de encima, fíjese que hasta los pies los tenía entumidos, y ahora siento mi circulación, ya lo siento livianos, el dolor de cabeza se me está quitando.

Continuación, y ahora oración EXPULSIÓN GENERAL

Pastor: Cierra los ojos, Hermano, ahora para todos ustedes demonios, cuando digo todos, todos incluidos los demonios generacionales, desalojen este hombre para siempre, de él, de su esposa, niños, para siempre, está claro, de inmediato, en el nombre de Jesucristo fuera de este hombre, se llevan toda enfermedad, todo, en el nombre de Jesucristo, también los de fornicación, aberración sexual, adulterio, mentira, burla, todos; este hombre ha sido perdonado, todas las maldiciones que tenía por el pecado que cometió, los pecados de sus antepasados, abuelos, padres, todos quedan anulados, porque escrito esta, maldito es todo el que es colgado en un madero, Jesucristo mi Señor. Se hizo maldición, para llevar toda las maldiciones en su cuerpo, y ser libre este hombre y la humanidad, así que afuera y todos. Fuera de sus ojos, todos, de su cabeza, de sus oídos, de su entendimiento, desalójenlo en el nombre de Jesús, todos, de su espalda, Jesús lo perdonó, pagó un precio por él, fue su Sangre Santa, lo rescató de las tinieblas a su reino de luz, ustedes demonios no tiene nada que hacer ahora, este hombre es nueva criatura, desalójenlo de su espalda de su cabeza, de su corazón, este hombre es un hijo de Dios, soledad, depresión, Santa Muerte, enfermedad, se van para siempre en el Nombre de Jesús, de sus partes íntimas también, de su estómago, manos, pies, en el Nombre de Jesús, fuera de este hombre, destruyo todas las cadenas que el estorbaban para que este hombre no avanzara, en el Nombre de Jesucristo.

Continuación, y ahora oración EXPULCION GENERAL

Pastor: Todo lo destruyo, todos los lazos. En el nombre de Jesús, este hombre queda libre por la Sangre de Jesucristo, ha sido lavado, este hombre queda totalmente libre, su esposa, sus hijos, hijas, este hombre libre porque el precio de sus pecados Jesús pago en la Cruz del Calvario, este hombre era culpable tenía que pagar, para eso Jesús se puso en su lugar en la cruz, lo golpearon, lo crucificaron, fue injuriado, traspasado, todo, su sangre derramó, toda su deuda está totalmente cancelada, Jesús murió y resucito, y está sentado a la diestra de Dios Padre.

Este hombre es libre, libre, fuera todos, para siempre, de inmediato, deuda cancelada, con la sangre de Jesús que derramó, así que todos rápido en el nombre de Jesús, todos fuera, rápido, no se queda nada inmundo, este hombre ha sido santificado y justificado, ha sido redimido, ha sido rescatado, así que todos son desarraigados de raíz en el nombre de Jesús, fuera y para siempre, salgan todos, todos, demonios de pactos quedan anulados, el trabajo ustedes se acabó en este hombre. La bendición de Jesucristo está en este hombre.

Hermano ¡ERES LIBRE Y SANO!

-Amén, gloria Dios, ¡GRACIAS JESUS!

13.5. Testimonio de sanidad: Enfermedades crónicas como la diabetes, tiroides, ira, presión alta y rosácea.

Testimonio de Fidelina Umbert de Argentina...

Yo pedí ayuda porque a pesar de haber ver recibido a Cristo en mi corazón como Señor y Salvador, yo sentía por momentos arranques de ira, enojo, broncas. Y no sabía porque. También sufría de enfermedades crónicas como la diabetes, tiroides, presión alta y rosácea (enfermedad de la piel que sale en la cara como alergias). Cada día mi rostro estaba peor.

Fue así que pedí ayuda al Pastor Roger. El decidió hacer una oración de liberación, donde yo manifesté con miles de demonios, fue tremendo el trabajo que el Pastor ya que estuvo como dos horas batallando con toda la legión de demonios. Esos demonios tenían tomado mi cuerpo, mi mente. Me provocaban todas las enfermedades de mi cuerpo, todas gracias a esta liberación por parte del Pastor en el Nombre de Jesús soy libre y no tengo más ataques de ira ni broncas. Mis enfermedades están bien controladas deje de tomar pastillas y la enfermedad de la rosáceas de la cara desapareció completamente ya mi rostro no tiene ninguna marca, todo desapareció y no volvió en el Nombre de Jesús. Con esto nos damos cuenta que los cristianos podemos tener demonios como yo los tenía, que te causan enfermedades y toda clase de problemas en tu vida. Yo agradezco al Pastor Roger D Muñoz por dejarse guiar y usar por nuestro Señor Jesucristo. Lo bendigo en el Nombre de Jesús junto al ministerio Cristo Libera.

13.6. Testimonios de palabras de maldición.

Hay que tener mucho cuidado con las palabras que nos dicen o decimos.

> ➢ Me acuerdo de una señora que estaba ministrando, la cual no podía tener hijos, en la liberación; el demonio se manifestó y confesó que se llamaba Infertilidad, que había entrado el día que la suegra le gritó que nunca más tendría hijos, de hecho no pudo tener más hijos.

> ➢ Una vez le estaba ministrando a un Pastor el cual no le iba bien, el demonio se manifestó y confesó que era el culpable del fracaso del Pastor y había entrado desde muy niño por medio de la mamá ya que ella siempre le decía "Tienes mano de Lumbre, todo lo que tocas lo destruyes". Y por esa razón entró ese demonio de destrucción, gracias a Jesús que lo liberó y su vida cambió.

> ➢ En otra ministración se manifestó un demonio el cual no quería salir y me respondió rabioso diciéndome *¿COMO QUIERES QUE ME VAYA? ¿NO VES QUE ELLA MALDIJO Y DIJO MALDITO SEAS MIL VECES? ¿COMO QUIERES QUE ME VAYA?*

> ➢ Muchas personas desean morirse y lo que les entra son demonios de muerte, esto es muy común.

Autor: Roger D Muñoz

14. FORMULARIO O CUESTIONARIO DE PREGUNTAS

14.1. Información Importante antes de llenar este formulario.

Esta es la parte clave de este libro, por favor llene el formulario con toda diligencia y sinceridad, y por favor ayune por lo menos tres días.

El objetivo de llenar este formulario es encontrar las posibles puertas de entradas de los demonios, enfermedades. Por lo tanto, sea sincero y detallista en sus respuestas ya que de esa manera se hará más fácil su liberación y sanación.

Santiago 5:16

"Confesaos vuestras ofensas unos a otros, y orad unos por otros, para que seáis sanados".

Mateo 6:14-15

¹⁴"Porque si perdonáis a los hombres sus ofensas, os perdonará también a vosotros vuestro Padre celestial; ¹⁵más si no perdonáis a los hombres sus ofensas, tampoco vuestro Padre Os perdonará vuestras ofensas."

En Jesucristo fuimos redimidos de la maldición de la ley, de las iniquidades, de nuestros pecados y los de nuestros antepasados, **Gal 3:13**. Pero los demonios no se van, se quedan sin derecho legal en nuestros cuerpos y el de nuestros familiares, por eso tenemos enfermedades y sufrimientos. Ellos lo hacen posible, por eso la clave es tratar en lo posible de conocer nuestros pecados y los de nuestros antepasados, para poder identificarlos, renunciar a ellos y expulsarlos con mayor facilidad y por consiguiente erradicar en nuestra familia maldiciones de diabetes, cánceres, alcoholismo, pobreza, etc.

Nota: Este formulario se encuentra en tamaño carta, más grande, en nuestro Manual del libro Libérate para facilitarle su impresión, junto con más Oraciones importantes.

FORMULARIO DE PREGUNTAS

Fecha_____

Nombre Completo
_____

País, ciudad, Barrio.
_____

Teléfonos_____

Correo Electrónico:_____

Edad_____

Soltero { }. Casado { }. Viudo { } Divorciado { } Conviviente. { }. Pareja/Novio { }

Cuántas veces:_____ Explique:
_____

Profesión.: _____
Ocupación o función principal en su trabajo:
_____

Cuál es su historial en la iglesia, con Jesucristo:
_____

¿Aceptó a Jesús como su Señor y Salvador? {___} Cristiano Evangélico (Protestante) {___} ¿Desde cuándo?
_____

¿Ya se bautizó? a qué edad aproximadamente._____

¿Se bautizó en el Nombre del Padre, Hijo y Espíritu santo?
_____

¿Diezma?_____

¿Cuántos hijos tiene? ____ ¿Son creyentes? _____ Explique:

___

1. SECCIÓN DE LOS ANCESTROS, DE LOS ANTEPASADOS

Por favor investigue y escriba con calma todo lo que usted sabe o sospecha de sus antepasados, incluidos sus tíos, primos, familia actual y pasada, porque traemos maldiciones en nuestras familias que son causadas por ellos, y podrían estar afectándolo. En la mayoría de las liberaciones he encontrado demonios que han estado presentes desde antes del nacimiento. Les repito, las maldiciones y los pecados por medio de Jesucristo han sido removidos, pero los demonios no se van, se quedan, y son los que producen esas enfermedades.

¿Usted sabe si algunos de sus ancestros, padres, abuelos...ha hecho pactos, practicado, participado o sufrido de brujerías, limpiezas, baños de la buena suerte, adulterio, fornicación, divorcios, borracheras, perversión sexual, bestialismo, alcoholismo, enfermedades, depresión, trastornos mentales, diabetes, locura, adulterio, ira, actividades criminales, nacimientos fuera del matrimonio, satanismo? Escriba todo lo que el Espíritu Santo le traiga a la mente.

___

2. SECCIÓN DESDE SU CONCEPCIÓN HASTA SU NACIMIENTO

Trate de averiguar todo lo posible.

¿Cómo fue su parto? ¿Fue por cesaría? ¿Parto normal? Explique:

___

El momento que su madre quedó embarazada.¿Estaba enamorada? ¿Era un amor ocasional? ¿Estaba Casada? ¿Era consciente de engendrar? ¿Fue violada? ¿Estaba Borracha? etc. ¿Qué sabe usted? Explique:

_____

¿Traumas, caídas, accidentes durante su embarazo? si { } no { } Explique:

_____

¿Fue rechazado? ¿No lo querían tener? ¿Tuvo un intento de aborto? ¿Palabras de maldición? Explique:

_____

¿Ambos padres eran cristianos? Explique

_____

SECCIÓN - DESDE SU NACIMIENTO HASTA ADOLESCENCIA

¿Fue adoptado? Explique:

_____

¿Conoció a sus padres? Explique:

_____

¿Cómo fue su relación con cada uno de ellos? Explique:

_____

¿Había peleas, griterías en su hogar? Explique:

_____

¿Fue criado en un hogar cristiano? si { } no { } Explique:

_____

Autor: Roger D Muñoz

¿Maldiciones habladas como: eres un flojo, no sirves para nada, eres un fracasado? Explique:

_____

¿Dichos o frases como: Tienes manos de Lumbre todo lo que tocas destruyes...Etc?

_____

¿Fuiste abusado sexualmente? Sí fue así ¿Quién abusó de usted?:

_____

¿Fue abusado física y/o psicológicamente?:

_____

¿Participó en juegos sexuales como papá y mamá... Etc.?:

_____

¿Cómo fue su niñez? ejemplo: soledad, rechazos, peleas....Etc.:

_____

¿Algunos de tus ancestros, padres, abuelos, bisabuelos, tatarabuelos o usted mismo ha sido o estado en congregaciones de:Testigos de Jehová, Unitarios, Mormón, Rosacruces, Nueva Era, Budismo, Pare de sufrir, Ateísmo, Ciencia cristiana., Masón, Satanismo... etc?. Explique:

_____

¿Algunos de tus ancestros, padres, abuelos, bisabuelos, tatarabuelos o usted mismo han tenido o tiene algunas de las siguientes enfermedades: Esquizofrenia, locura, miedos, nervios, ansiedad, desórdenes mentales, tumor, cáncer, asma, diabetes...etc?. Explique:

_____

¿Películas: de terror, miedo, violencia, muerte, pornográficas, sexuales, burlonas?:

_____

¿Cuáles Videojuegos, Guija...etc. ha visto o jugado? ¿Nombres? Explique:

_____

¿Juegos mágicos, luchadores, asesinos?:

_____

3. SECCIÓN PREGUNTAS GENERALES:

¿Es usted orgulloso(a)?

_____

¿Ha visto pornografía? Explique:

_____

¿Se ha masturbado?.: _____

¿Ha visto o practicado aberraciones sexuales como: Sexo con animales, homosexualismo, lesbianismo, prostitución, etc.? Explique:

_____

¿Ha visto o practicado la fornicación?.

_____

¿Ha sido adultero?.: _____

¿Vive en unión libre, sin estar casado?.

_____

Estas son puertas de entradas muy comunes para demonios:

Estas preguntas son para usted, su esposo o esposa, novio o novia; ya que cada persona trae consigo misma ataduras demoníacas de su pasado que también le podrían estar afectando, además estas preguntas se aplican al tiempo presente o pasado, es posible que ahora no las practique pero sí que antes las haya practicado.

¿Con cuántas novias(os), amigas(os) ha tenido sexo? Explique

_____

¿Conoce o sospecha si alguna pareja pasada o familiar practica brujerías?

_____

¿Cuántas veces se ha divorciado o separado?

_____

¿Tiene o tuvo enemigos? ¿Ha peleado o está disgustado? Explique.

_____

¿Usted tiene o le tienen envidia? Explique

_____

¿Usó alcohol, drogas, cocaína, Marihuana...etc.?

_____

¿Usted tiene tatuajes en su cuerpo? Explique

_____

¿Usted tiene algún amuleto para la "Protección "o la "Buena suerte"…etc.?

_____

¿Tiene o tuvo alguna imagen, objetos de idolatría, rosarios, estampitas de santos, o alguna otra relacionado al catolicismo? Están en su cuello, cuarto, casa, auto, oficina…Explique.

_____

¿Ha sido bautizado ante algún "Santo" Ejemplo: Virgen del Carmen, San Gregorio…etc.? Explique

_____

¿Por qué le pusieron su nombre? Por ejemplo, Usted no podía nacer y su mamá le oró a San Pedro y por eso se llama Pedro.

_____

¿Usted ha hecho brujerías? ¿Pactos? Explique

_____

¿Conoce o sospecha que hayan realizado pactos o brujerías en usted o sus ancestros?

_____

¿Conoce a qué se dedicaban los anteriores inquilinos donde vive usted? ¿Qué pecados practicaban?

_____

¿Oró o limpió espiritualmente su casa antes de mudarse?

_____

¿Conoce de algún vecino cercano que practica el ocultismo?

¿Desde que se mudaron a esta nueva casa comenzaron problemas?

_____

Peleas, griterías, pesadez, escasez…etc. Explique

¿Siente ruidos extraños en su casa?

¿Ha tenido accidentes o traumas? ejemplos: atracos, choques de autos, operaciones… etc.

¿Cuáles son sus enfermedades, sufrimientos?

¿Qué medicinas toma?

¿Sufre de miedos? depresión, estrés…etc.

¿Se murió alguien muy cercano, querido a usted? ¿Familiares, amigos? Nombres y detalles.

¿Trabajó(a) en funerarias, hospitales o lugares relacionados a muerte, Sangre, dolor?

¿Tiene alguna adicción? detalles.

¿Ha practicado Yoga, karate, artes marciales?

¿Qué clase de música usted escucha ahora y antes de convertirse a cristiano? Detalles

_____

¿Ha visto películas de terror, violencia, mágicas, Batman etc.?

_____

¿Tienes pesadillas? ¿Son repetitivas? ¿Casi iguales siempre? Detalle

_____

¿Le gusta y ve el boxeo, lucha, películas de acción? Detalle y señale los nombres de los actores principales que admira

_____

¿Cuál es su Hobby, pasión? ¿En qué emplea más su tiempo libre?

_____

¿Eres rebelde?

_____

¿Odias?

_____

¿Ha perdonado y pedido perdón? Explique

_____

¿Ha maldecido a Satanás y a sus principados, gobernadores...etc.?

_____

¿Te has estado enojado con Dios? Detalle

Autor: Roger D Muñoz

Haga un listado de todos sus pecados no mencionados arriba, aquí emplee buen tiempo y pídale al Espíritu Santo que le recuerde. Recuerde esto se hace para saber qué demonio se pudo quedar escondido para finalmente echarlo.

¿Cuáles cree usted que son las causas de su problema? En esta sección escriba lo que usted crea que es importante que debemos saber para que contribuya a su liberación y sanidad.

Nota: Este Formulario junto con otras oraciones poderosas se encuentran en tamaño carta en el Manual del libro Libérate.

REFLEXION

Dios escogió a Moisés como líder para liberar a su pueblo de la esclavitud, y lo **obedeció**. Porque iba con el poder de Dios.

Dios escogió a Josué como líder sucesor de moisés para conquistar la tierra prometida que estaba dominada por el enemigo y lo **obedeció**.

Dos envió a su amado Hijo Jesucristo para liberarnos de la esclavitud de Satanás y lo **obedeció**.

Jesucristo escogió sus apóstoles para extender el reino de Dios con señales y prodigios, liberando y sanando con el poder del Espíritu Santo y ellos lo **obedecieron.** Jesucristo escogió este Ministerio de Liberación CRISTO LIBERA para continuar liberando y sanando a su pueblo y lo estamos **obedeciendo**. Este Ministerio de liberación por orden de nuestro Señor Jesucristo le está entregando en estos libros I y II las Armas Poderosas de Guerra Espiritual que estamos usando exitosamente. **¡Ahora es su responsabilidad!**

La pregunta es ¿Qué va hacer usted?

1 Samuel 15:22b

²² Ciertamente el obedecer es mejor que los sacrificios

2 Timoteo 2:2 (RVR1960)

Lo que has oído de mí ante muchos testigos, esto encarga a hombres fieles que sean idóneos para enseñar también a otros.

Mateo 10:8 (RVR1960)

⁸ Sanad enfermos, limpiad leprosos, resucitad muertos, echad fuera demonios; de gracia recibisteis, dad de gracia.

Que Dios en el Nombre de Jesús y con su Santo Espíritu le de sabiduría y discernimiento para que tome la mejor decisión de su vida.
¡HERMANO LOS CAMPOS ESTAN LISTO PARA LA SIEGA! ¿SE ANIMA A SEGAR?

Autor: Roger D Muñoz

RECOMENDACION FINAL

Ponga en práctica todas estas Armas de Guerra Espiritual

Evangelice con nuestras series de libros Libérate

Adquiera el Libro Manual de Libérate

Vuelva a estudiar este libro

Y Recomiende nuestras Series.

Roger D Muñoz

WWW.CRISTOLIBERA.ORG

CRISTO LIBERA

MINISTERIO DE LIBERACION Y SANIDAD

SEATTLE, WASHINGTON

ESTADOS UNIDOS

Estos libros están disponibles en varios idiomas.
Pedidos:
www.cristolibera.org
www.Amazon.com
www.bookdepository.com
1(425)269-2755
USA

Autor: Roger D Muñoz

www.ingramcontent.com/pod-product-compliance
Lightning Source LLC
Chambersburg PA
CBHW071907290426
44110CB00013B/1305